발레리나 멘탈 수업

# 발레리나 멘탈 수업

## 마음이 불안한 무용수를 위한 10가지 조언

메건 페어차일드 지음 | 김지윤 옮김

동글디자인

어떤 압박도 하지 않고
오직 성공할 기회만을 주신
부모님께 이 책을 바칩니다.

## 한국어판 서문

　이 책을 쓸 당시에는 언젠가 다른 언어로 번역될 거라고는 상상하지 못했습니다. 제 책은 늘 보편적인 조언을 전하는 것을 목표로 해왔는데 그것이 한국의 독자들에게도 전해질 수 있다는 사실이 놀랍고 기쁘며 저의 오랜 발레 경력에서 얻은 교훈을 새로운 관객들과 공유하게 되어 흥분되기도 합니다.
　이 책이 영어로 처음 출판된 이후 현재 4.5세가 된 아이와 두 살 쌍둥이까지 사랑스러운 세 딸과 함께 포스트 코로나Post Corona의 삶을 즐겼네요. 발레 무용수의 정상적 일상으로 돌아간다는 것은 정말 놀라운 일이었습니다. 하지만 세 아이의 엄마, 파트타임 MBA 학생, 바쁜 발레리나로서의 삶은 여러분이 상상할 수 있는 것만큼 혼란스럽답니다.
　때때로 압도적인 상황을 마주하겠지만 여러분이 열정과 욕망을 진정으로 불어넣은 삶을 주도적으로 꾸린다면 잘못될 일은 없을 겁니다. 저는 30대 후반에도 발레리나로서 계속된 성공을 거두게 되어 행복합니다. 또 세 딸이 건강하고 행복하고 활기차다는 사실은 정말 축복받은 것이죠. 그리고 저는 그 두 가지에서 벗어나 대학에서 마음을 넓히는 시간을 가지는 것을 정말 좋아합니다.

지금 무엇을 하고 있든 정말로 도움이 되는 것은 바로 그 현재에 충실한 태도입니다. 저는 집에서 '엄마'로 있을 때는 어린 제 아이들과 즐거운 시간을 보냅니다. 그리고 아이들과 떨어져 있을 때, 춤을 추거나 학교 수업을 들으면서 여전히 새로운 가능성이 존재하는 엄마 메건을 만족시킬 일들을 위한 시간을 보냅니다. 무엇을 선택하든 가장 깊은 욕망을 표현하는 일은 시간을 투자할 가치가 있습니다. 만약 여러분이 그 일에 충실하다면 꿈꾸던 삶을 창조할 수 있을 겁니다.

사람들은 모든 것을 가질 수는 없다고 말하지만, 저는 지금도 도전하고 싶고, 꿈을 실현하기 위해 충분한 노력을 한다면 분명 그것을 성공시킬 수 있다고 말하고 싶습니다. 혼란스러운 과정이 따르겠지만 다른 방법은 없지요.

저는 몇 년 안에 발레 무대에서는 은퇴하겠지만 제 책은 계속 남아있을 것이고, 그 속의 메시지들이 한국의 무용수 지망생, 그들의 부모님, 그리고 여러 산업에서 탁월함을 추구하는 분들에게 도움이 되기를 바랍니다. 제 책을 집어 드는 모든 사람이 탁월함을 추구하는 데 있어 균형 잡힌 여행을 하길 바랍니다.

행운을 빕니다!

2023년 7월
메건 페어차일드

한국어판 서문 6
프롤로그 11

1장 불안감 마주하기 15
2장 나의 고유함 받아들이기 43
3장 몸과 마음의 균형 찾기 57
4장 스트레스 관리하기 79
5장 피드백 다루기 101
6장 완벽주의 스위치 만들기 123
7장 실패를 기회로 활용하기 143
8장 인생에 다양성을 더하기 157
9장 두려움 없이 휴식하기 171
10장 다음 목표 세우기 193

감사의 글 206

**일러두기**

-외국 인명과 지명, 발레 용어 등은 국립국어원 외래어표기법을 따르되 필요한 경우 관용적 표기를 따랐습니다.

-발레 작품은 〈 〉, 정기 간행물은 《》, 서적은 『』로 표기했습니다.

-주석은 모두 역주입니다.

프롤로그

● ● ●

 저는 네 살 때부터 춤을 추기 시작했고, 열두 살 때부터 클래식 발레에 흠뻑 빠졌습니다. 발레계는 화려하고, 엄격하지만, 가끔은 스캔들로 점철되기도 하고, 영화나 책에서 극적으로 묘사됩니다. 1970년대 발레계가 섹스와 마약으로 가득한 이미지였다면, 요즘 발레계는 생동감이 부족하고, 질서만을 중시하며, 지나치게 치열한 이미지인 것 같아요. 강심장이 아니면 올 수 없는 곳처럼 여겨지죠.
 프로 무용수라는 꿈을 위해 노력하는 젊은 무용수들은 엄청난 압박감에 시달립니다. 저 역시 오디션이나 경쟁이 얼마나 사람을 압도하는지 생생히 기억하고 있습니다. 발레계에 발을 딛는 순간부터 내가 과연 주변 사람들만큼 하는지 걱정부터 들죠. 젊은 무용수들은 열정으로 가득하지만, 불안 또한 가득합니다.
 저는 지난 17년간 뉴욕시티발레단<sup>New York City Ballet, NYCB</sup>에서 수석 무용수 생활을 했습니다. 발레계는 일반 대중뿐 아니라 발레를 배우는 학생들에게도 미스터리한 곳이에요. 제가 열일곱 살의 나이로 발레단에 처음 연수생으로 입단했을 때 충격을 받앉던 점은, 완벽한 존재라고만 여겼던 걸출한 프로 무용수들도 사람이라는 사실이었어요. 그들도 진짜 음식을 먹고, 같이 웃고, 넘어지고, 실수하고, 다시 일어나서 노력하는 사람들이었죠. 최고의 예술적, 신체적 기량을 보이는 사람들도 인생을 살아내는 중이라는 점이 놀라웠습니다. 그들도 우리처럼 자기 자신을 의심하고, 불안해하고, 스스로 충분한지 고민하고 있었죠. 가장 높은 경지에 있는 사람이라고 다를 바가 없었습니다.

저는 매우 작고 고립된 발레계에서 저만의 커리어를 쌓으며 배워온 바를 늘 사람들과 나누고 싶었습니다. 무용수들도 결국 사람이기에, 여러분이 최고가 되고 싶은 분야가 어디건 제 인사이트가 도움이 될 수 있다고 생각해요. 또한, 제가 선수, 아티스트, 공연가로서 일하며 느꼈던 점에 대한 이야기인 만큼, 종종 미디어에서 극적으로 묘사되는 발레계를 엿볼 기회라고도 생각합니다. 실제 무대 뒤에서는 어떤 일이 벌어지고 있는지 알려드리고 싶었어요. 최고의 모습을 위해 고군분투하는 과정에서 나타나는 희비를 보여주고 싶었습니다. 몇 시간이나 고생해서 연습하지만, 실력을 선보일 기회는 1~2천여 명의 관객들 앞에서 하는 한두 번의 공연뿐이죠.

여러분이 어떤 삶을 살고 있건 제가 이 길에서 배운 교훈을 적용할 수 있으리라 생각합니다.

자신을 극한까지 밀어붙이면서도 정신을 놓지 않으려면 어떻게 해야 할까요? 완벽해지려고 노력하면서도 최선을 다했음을 받아들이려면 대체 어떻게 균형을 잡아야 할까요? 일에서는 실력과 경쟁력을 갖추면서 동시에 충만한 인생을 살려면 어떻게 해야 할까요? 저는 뉴욕시티발레단에서 커리어를 쌓으며 이런 점들을 고민하고 또 고민했습니다. 여러분이 무용수이건, 무용수의 부모님이건, 발레 팬이건, 혹은 발레와는 아무 관련이 없는 사람이건, 이런 질문을 한 번이라도 해본 적이 있다면, 이 책이 도움이 되리라 생각합니다.

책의 본문에는 제가 발레 무용수로서 커리어를 쌓으며 배운 10가지 핵심 교훈을 담았습니다. 인생의 혼돈$^{chaos}$과 스트레스, 혼란 속에서도 강인함을 잃지 않으려면 어떻게 이 기술들을 사용하면 좋을지 설명했습니다. 제가 겪었던 고군분투와 두려움, 또 그 과정에서 배운 점들이 젊은 무용수뿐 아니라 완전히 다른 업계 종사자들에게도 도움이 되기를 바랍니다.

지난 3년 동안, 정말 감사하게도 제 인생에 세 명의 예쁜 딸이 찾아와주었습니다. 원래 저는 늘 프로 무용수를 꿈꾸는 젊은 여성에게 모범을 보여야 한다는 책임 의식이 있었습니다. 경쟁이 심한 환경 속에서 살아가는 이들에게 직접 모범이 되고, 친절함을 나누고 싶었어요. 하지만 이제는 제 아이들을 위해 이 책을 씁니다. 제 아이들도 두루두루 균형 잡힌 삶을 살며 자신들의 꿈을 이루기를 바랍니다.

# 1장
# 불안감 마주하기

무대 공포증을 어떻게 극복해야 할까?

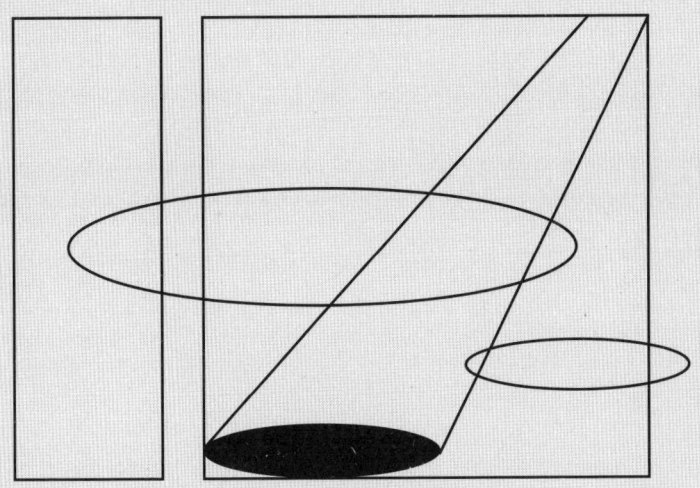

영화 〈블랙 스완〉에서 여주인공인 니나는 젊은 신인 발레리나로, 대형 발레단에서 성공하기를 꿈꿉니다. 그러던 어느 날 〈백조의 호수〉 공연의 주인공으로 캐스팅이 되죠. 니나가 처음 캐스팅 소식을 알게 되는 장면은 마치 실제 발레단에서의 하루처럼 정확히 묘사되어 있습니다. 캐스팅 결과를 담은 종이가 발레단 게시판에 붙으면 발레 단원들은 일제히 고개를 쭉 빼서 자신의 배역을 확인합니다. 이때 단원들의 반응은 좌절에서부터 흡족함, 그리고 희열 그 자체에 이르기까지 천차만별입니다. 니나는 어땠을까요. 모두가 바라마지않던 주인공 역에 자신이 캐스팅되었다는 것을 알게 된 후에도 마냥 신나지도, 자축하지도 않습니다. 오히려 충격에 빠지더니 화장실로 들어가 울음을 터뜨리죠. 분명 원하던 것인 줄 알았는데, 마음속 깊이 내심 바랐던 것인데, 이제는 부담감과 책임감 때문에 공포스럽습니다. 경험도 부족한데 덥석 주인공을 맡게 되어서이기도 하지만, 니나를 매 순간 주시하는 치기 어린 단원들을 견뎌야 했기 때문이죠. 저는 이 영화를 보며 공감을 금치 못했습니다. 제가 처음 프로 발레리나로서 기회를 얻었을 때 느꼈던 아찔함과 두려움이 고스란히 전달되었기 때문입니다.

2001년 11월, 당시 열일곱 살이었던 저는 뉴욕시티발레단New York City Ballet, NYCB에서 연수생 제의를 받았습니다. 그 직전 해 6월, 제가 다니던 스쿨오브아메리칸발레학교School of American Ballet, SAB 워크숍이 있었지만, 저를 비롯한 저희 반 학생들은 뉴욕시티발레단에서 우리에게 관심이 있는지 전혀 알 수 없었습니다. 생전 처음 발레단 입단 소식을 기다리는 기간이란 무용수들에게 참 묘한 시간입니다. 저도 자칫 그해 여름 샌프란시스코발레단에 들어갈 뻔했죠. 그래도 마지막으로 다시 한번 학교로 돌아와 뉴욕시티발레단에 뽑힐 수 있을지 운을 시험해보자고 생각했고, 다행히 일이 잘 풀렸습니다. 뉴욕시티발레단 피터 마틴스Peter Martins 감독님이 저와 제 친구 아홉 명을 우리 학교 사무실로 부르셨을 땐 어찌나 전율이 돋던지… 안도감마저 들었습니다.

저는 아직 일반 단원에 불과했지만, 바로 이듬해부터는 솔리스트와 수석 무용수 역할을 하나둘 받기 시작했습니다. 그해 첫 솔리스트 배역은 발란신Balanchine의 〈샤콘느Chaconne〉에서의 파드되pas de deux*였는데, 처음 스포트라이트를 받기에 완벽한 배역이었습니다. 길이도 딱 맞게 짧은 데다, 제 안무 스타일과도 매우

---

\* 발레에서 남자 무용수와 여자 무용수가 함께 추는 2인무

잘 맞았기 때문입니다. 그런데도 저는 주목을 받는 역할의 압박감을 견딜 마음의 준비가 전혀 되지 않았습니다. 공연 전날에 잠이 들지 못해 새벽 네 시까지 깨어 있었고, 유타주에 계신 엄마에게 전화로 리허설 때 실력이 들쭉날쭉해서 정작 공연 때 잘하지 못할 것 같다고 말하면서 울었어요. 게다가 몇몇 스텝을 할 때는 엄청난 요통에 시달렸습니다. 나중에 보니 척추 세 개가 완전히 다른 방향으로 꼬여 있어 제 움직임을 완전히 제한하고 있었습니다. 나중에서야 허리 통증이 감정적인 스트레스와 무관하지 않으며, 첫 공연을 준비하며 느꼈던 부담감이 몸으로 나타나는 건 어쩌면 당연한 일이었다는 것을 알게 되었습니다.

다행히도 공연은 성공리에 막을 내렸습니다. 저는 전날 밤 내내 쌓인 스트레스로 녹초가 되었지만, 발레단분들은 만족했습니다. 저희 발레단에서 모든 기회는 시험 같아서 윗분들의 마음에 들어 통과하면 새로운 도전 기회를 받곤 했습니다. 나중에는 마치 리얼리티 쇼인 〈생존자들Survivor〉의 한 시즌을 살아내는 것 같다 느끼기도 했죠.

그렇게 일이 하나둘씩 주어지더니, 점차 이곳저곳에서 수석 무용수 역할을 배워볼 기회가 생겼습니다. 문제는 그런 기회가 항상 실제 공연이 있기 1주나 2주 전에야 생긴다는 것이었습니다. 감정이 휘몰아칠 수밖에 없었습니다. 〈샤콘느〉 공연 전날 밤만큼은 아니었지만, 첫 공연 때마다 불안감과 스트레스는 쌓여만 갔습니다. 잠시나마 울어야만 아드레날린이 해소되었습니다. 슬퍼서 우는 것도 아니었습니다. 매번 공연을 준비하며 쌓인 스트레스와 압박감을 울면서 쏟아내는 것이었죠. 처음에는 스트레스를 이렇게 분출해도 되는 건가 두렵기도 했지만, 점차 '내 몸은 스트레스를 이렇게 푸는구나.' 하고 받아들이게 되었습니다. 시간이 지날수록 두려움도 옅어졌습니다. 이 생활이 제 새로운 일상이 되었으니까요.

그러던 코르드발레corps de ballet* 2년 차 여름, 처음으로 전막 발레 〈코펠리아Coppélia〉 공연의 주인공 역에 언더스터디understudy**로 참여할 기회가 주어졌습니다. 당시 저는 부담이라곤 거의 없이 준비에 임했습니다. 뉴욕시티발레단은 매년 여름 새러토가 스프링스Saratoga Springs 지역에서 공연을 해왔는데, 그해에도 네 개의 공연에 투입될 수석 무용수가 적어도 세 명은 있었기 때문이죠. 저는 그저 안무를 배울 수 있단 것만으로도 영광이라 생각했습니다.

그렇게 새러토가에 도착했는데 갑자기 단장님께서 저를 따로 부르셨습니다. 수석 무용수 세 명이 모두 다쳐서 저 혼자 〈코펠리아〉 공연을 진행해야 할 것 같다고요. 심지어 마티네***를 하

---

\* 군무를 담당하는 무용수
\*\* 배우가 무대에 오르지 못할 경우를 대비해 똑같은 연습을 해두는 사람
\*\*\* 낮 공연

고 뒤이어 저녁 공연을 하는 식으로 하루에 공연을 두 번 해야 하는 경우도 있었습니다. 심지어 제가 합을 맞출 파트너는 데이미언 웨츨Damian Woetzel과 벤자민 마일피드Benjamin Millepied. 제가 늘 먼발치서 존경해마지않던, 비범하고도 전설적인 남성 수석 무용수 두 분이라고 했습니다.

   단장님께서 이토록 엄청난 소식을 전해주시는 동안 단장님 앞에서는 최대한 예의를 갖추고 프로페셔널하게 서 있었던 기억이 납니다. 하지만 탈의실로 돌아가는 동안 저는 두려움에 압도되었고 눈물이 차올랐습니다. 이게 가능한가? 전막 발레 하나도 제대로 해낼지 모르겠는데, 네 개라니. 심지어 쉬는 시간 없이 하루에 두 개를 한다니. 마치 블랙스완의 니나처럼, 감독님이 저를 믿어주시고 선택해주신 것에 대한 책임감에 압도되어 그저 도망쳐 숨고만 싶었습니다.

   그 뒤 몇 주 동안 공연을 준비하면서, 저는 감독님이 보여주신 신뢰와 확신을 부여잡고 나아갔습니다. 리허설 때도 누가 제 동작을 꼬치꼬치 흠잡거나 안무를 수정하는 일은 없었습니다. 시간이 없었으니까요. 당시 제가 해내야 했던 일들이 발레 마스터들이 보기에도 불가능하고 심지어는 말도 안 되는 정도였다는 건 그로부터 몇 년이 지나서야 알게 되었습니다. 그야말로 몰라서 다행이었던 셈이지요. 저도 속으로는 이게 말이 되나 싶었지만, 다른 사람들도 이건 불가능하다고 생각했단 걸 만약 그때의 제가 알았더라면 저는 절대 그 공연을 자신감 있게 해내지 못했을 것입니다.

결과적으로 공연은 기적처럼 잘 마무리되었습니다. 막상 공연이 시작되자, 공연을 준비하던 여러 날 느꼈던 불안감은 훨씬 잠잠해졌습니다. 전막 발레에서는 등장 신이 여러 번 있습니다. 그 말은 즉 직전에 조금 못했더라도 만회할 기회가 계속 있다는 것을 의미합니다. 게다가 다정한 선배 코르드발레들도 긍정적인 기운을 북돋아주는 조언을 해주셨습니다. 한 분은 "공연 전에는 탄수화물을 듬뿍 먹고, 공연이 끝나고는 단백질을 많이 섭취해야 다친 근육이 회복된다."라고 알려주셨고, 다른 분은 "이 디바 언니가 무대를 찢어줄게."라는 문구가 적힌 원더우먼 바비인형도 본인 의상실에서 선뜻 빌려주셨습니다. 지금 보니 과하게 들리기도 하지만, 그 순간에는 긍정적이고 영감이 되는 말이라면 뭐든 붙잡아야 했으니까요! 제 리허설을 보시던 수석 무용수 중 한 분은 제게 감이 있으니 자신을 믿으라고도 해주셨습니다. 여러 선배 무용수분들이 저를 믿고 계신다는 것은 제가 무대에 올라 최선을 다해 춤을 추는 데 크나큰 도움을 주었습니다.

수석 무용수 초창기 시절, 저는 잃어버린 자신감을 되찾기 위해 종종 제가 동경하는 발레리나들처럼 행동했습니다. 이미 무대에 설 수 있는 충분한 경륜과 자신감을 갖췄고, 이 발레 하나를 위해 수년간 기량과 기교를 갈고닦은 수석 무용수인 척을 해야 무대에서 훨씬 안전한 기분이 들었기 때문이죠. 여러분들도 이제 막 무언가를 시작하는 상황이라면, 스스로 자신감을 북돋을 수 있게 이런 방식으로 자신을 속이는 것도 괜찮다고 생각합니다.

〈코펠리아〉는 무용수로서 저의 최고의 기량을 발휘할 수 있었던 작품입니다. 또, 많은 도움을 주신 경륜의 파트너 두 분과 함께한 작품이기도 했죠. 하지만 저는 곧 한 번의 성공으로는 제 불안감을 잠재울 수 없다는 점을 깨닫게 됩니다. 제가 제 능력을 믿을 수 있기까지 더 많은 시간, 경험, 그리고 대처 방법을 쌓아야 했습니다. 이 사실은 바로 다음 시즌에서 확실히 드러납니다.

그해 가을, 아메리칸발레시어터$^{\text{Amercian Ballet Theatre, ABT}}$ 출신의 호아킨 데 루즈$^{\text{Joaquín De Luz}}$라는 스물일곱 살 스페인 남자 무용수가 우리 발레단에 들어오게 됩니다. 호아킨은 놀랍도록 재능이 탁월했지만, 키는 170cm 정도로 작은 편에 속했기 때문에 키가 더 작은 발레리나와 파트너가 되어야 했어요. 저도 약 160cm 정도로 작은 편이었기 때문에, 발레단에선 〈호두까기 인형〉 중 '사탕 요정의 춤'의 파드되에서 우리를 파트너로 맺어주면 좋겠다고 생각하는 모양이었습니다. 물론, 그렇게 큰 역할을 맡게 되었다는 걸 스케줄표에서 보면 그 순간엔 영광스러운 마음이 듭니다. 저도 처음에는 매우 흥분도 되고 기뻤습니다. 하지만 곧 책임감의 무게가 드리우고, 끔찍한 의구심이 피어올랐습니다. 블랙스완의 니나처럼요. 모든 무용수가 고대하던 기회라고 생각

저는 잃어버린 자신감을 되찾기 위해 종종 제가
동경하는 발레리나들처럼 행동했습니다.
여러분들도 이제 막 무언가를 시작하는 상황이라면,
스스로 자신감을 북돋을 수 있게 이런 방식으로 자신을
속이는 것도 괜찮다고 생각합니다.

했던 것이 이제 제 어깨를 무겁게 짓눌렀고, 하루하루가 힘겹고 고역처럼 느껴졌습니다.

초반에 호아킨과 저는 고전했습니다. 호아킨이 원래 있던 아메리칸발레시어터와는 달리 우리 뉴욕시티발레단에서는 무대에서 파트너와 훨씬 더 멀리 떨어져 있어야 했습니다. 너무 멀리 떨어져 있어 두렵기도 했어요. 몇몇 자세에서는 마치 절벽 위에 서 있는 느낌이 들었습니다. 결국, 제 포인$^{pointe*}$이 풀려버려 새로 시작했던 적도 있었습니다. 그해 11월, 그 파드되의 일부 스텝은 백 번도 더 밟았던 것 같습니다. 우리 때문에 똑같은 네 마디를 치고 또 치셔야 했던 피아니스트께도 송구스러웠습니다. 하고 또 해도 안 되니 기운이 빠졌습니다. 같은 해, 전체 발레단 앞에서 〈호두까기 인형〉 오프닝 나이트$^{opening\ night}$ 리허설을 하시던 선배 수석 무용수 마리아 코우로스키$^{Maria\ Kowroski}$와 찰스 애스케가드$^{Charles\ Askegard}$의 모습을 보며 어쩜 그렇게 여유로운지 믿을 수 없었던 기억도 납니다.

리허설을 계속하다 보니 제 몸에 무리가 왔고, 저는 첫 공연을 한 주 앞두고 허벅지 안쪽을 삐끗했습니다. 군무 부분과 리허설에 참석하는 대신 휴식을 취한 덕에 문제없이 첫 공연 무대에 오를 수 있었지만, 예전보다 훨씬 자신감이 떨어진 상태였습니다.

---

\* 발등을 둥글게 말아 몸을 세우는 기본 동작

그렇게 공연 날이 다가왔습니다. '꽃의 왈츠'가 끝나고 코르드 발레들이 인사를 한 뒤 무대를 떠났고, 우리가 등장해야 하는 차례임을 알리며 조명이 바뀌었습니다. 긴장되기 시작했습니다. 파드되 부분의 조명은 아름답고 낭만적인 느낌입니다. '꽃의 왈츠'에서 밝았던 조명이 어두워지고, 사탕 요정이 들어오면 큰 스포트라이트 두 개가 사탕 요정과 파트너를 5분 내내 비추게 되죠. 저는 강렬하고 밝은 스포트라이트 속으로 첫발을 내디디며 제일 처음 들었던 생각이 아직도 생생하게 기억납니다. '무대 옆으로 도망가고 싶다.'였어요. 조명이 제게 오는 게 불편했습니다. 무대 옆에서 모든 동료가 저를 기대에 찬 눈으로 바라보는 것도 불편했죠. "잠시만요!"라고 외치며 그만할 수 있기를 절실히 바랐지만 그럴 수 없었습니다. 오케스트라는 연주를 이어가는 중이었습니다.

호아킨이 워낙 자신만만한 태도였기 때문에, 저도 제 불안감을 드러낼 수 없다는 점을 다시금 깨달았습니다. 발레가 어려운 이유가 바로 여기에 있습니다. 공연 도중에는 제가 노력을 하고 있다는 점도, 두려움도, 지친 모습도 드러낼 수 없죠. 속으로는 정반대의 감정을 느끼더라도, 어쨌든 정신을 차리고 겉으로는 모든 게 자신만만하고 여유로운 척하는 데 달인이 되어야 합니다. 저 역시 어깨를 뒤로 내리고, 얼굴에 미소를 띤 채, 모든 것이 괜찮은 척하려 했어요. 속으로는 몸을 웅크린 채 울거나 소리

치거나 아니면 그냥 도망가버리고 싶은 마음이었지만요.

그러다 파드되의 첫 스텝을 밟을 차례가 왔는데, 파트너와 제 사이의 간격이 뭔가 이상하다는 느낌이 들었습니다. 그리곤 제 포인이 풀려버렸습니다. 떨쳐버리고 다음 스텝으로 넘어가려 했는데, 또 불편한 느낌이 들더니 다시 포인이 풀렸습니다. 모든 게 잘못되고 있었습니다. 마치 아이스 스케이팅 중 점프를 하려 할 때마다 넘어지는 커플과 같은 모양새였습니다.

파드되의 중간 부분은 뿌옇게 기억이 나지 않습니다. 초반부부터 그렇게 실패를 했다는 점에 제 몸은 충격을 받은 상황이었습니다. 파트너가 무대를 가로질러 한 손으로 저를 끌어당기면 아라베스크$^{arabesque}$*를 해서 미끄러지는 듯이 보여야 하는 그 유명한 장면에서도 저는 슬라이드를 제대로 해내지 못했습니다. 슬라이드를 하려고 섰을 때 제 몸이 휙 돌았고, 호아킨도 저를 어떻게 도와주어야 할지 몰랐어요. 그래서 저는 슬라이드를 포기하고 피케 아라베스크$^{pique\ arabesque}$**를 해버렸습니다.

공연이 끝나고 무대 뒤로 온 남동생과 아버지를 보자마자 저는 눈물을 쏟았습니다. 저 자신에게 너무나도 실망했습니다. 그렇게 몇 주나 리허설을 하면서 우리 신체와 키에 맞게 배역을 해

---

  \*    한 발로 서서 다른 한 발은 뒤로 곧게 뻗는 동작
  \*\*  선 채로 다른 발을 멀리 뻗는 아라베스크

내는 법을 연구하고 함께 합을 맞추는 방법을 배웠는데, 결국 이렇게 끔찍한 결과를 맞이하다니. 완벽주의 성향이 있는 저는 이를 용납할 수 없었습니다. 아버지는 그저 미소를 지으시며 저를 안아주셨습니다. 아버지는 제가 늘 만족하지 못하는 모습에 익숙하셨으니까요. 하지만 저는 진심으로 괴로웠습니다. 최악의 공연 중 하나임이 분명했으니 말입니다.

제 상사나 발레 마스터들께선 제가 자신을 다그친 것만큼 저를 혼내지는 않으셨습니다. (제 평생, 그리고 커리어 전반에 걸쳐 늘 그랬죠.) 그래도 저는 그 어마어마하게 큰 실패에서 좀처럼 헤어나지 못했습니다. 그 시즌에 다른 공연도 했고 그 공연은 더 나았단 건 알고 있지만, 그 공연에 대한 기억은 전혀 없습니다. 저는 실패처럼 느껴졌던 공연들만 기억하니까요.

아마 다들 숨이 멈추고, 이성이나 논리가 흐려지며, 의심이 깃드는 순간들을 경험해보셨을 겁니다. 갑자기 내 눈앞의 일을 해낼 수 있을지 믿음이 사라지죠. 불안의 세계에 오신 것을 환영합니다.

불안은 그야말로 무한한 방식으로 그 모습을 드러냅니다. 어떤 사람들에게는 대중 연설이 심각한 불안을 일으키는 일로 다가옵니다. 어떤 사람들에게는 비행기를 타는 일이 불안을 불러오는 일입니다. 구직 면접을 보거나 새로운 일을 시작할 때처럼 납득할 만한 이유인 경우도 가끔 있습니다. 하지만 어떤 경우에는 화장실에 갇힐까 두려운 것처럼 정말 말도 안 되는 이유일 때도 있습니다. (이 불안은 아주 이상하지만 정말 실재하고, 솔직히 말씀드리면 저는 이 불안을 느낍니다. 공중화장실에 갈 때마다 저는 최대한 빨리 볼일을 본 뒤 급하게 문을 열죠. 잠금장치가 안 열려서 갇혀버릴지 누가 아나요.)

불안은 여러 종류의 두려움에 의해 촉발될 수 있습니다. 먼저, 실패에 대한 두려움이 있습니다. 무언가를 제대로 해낼 수 있을지 자신의 능력을 의심하는 것이죠. 마감 기한을 못 맞춘다거나, 지각한다거나, 다른 사람들의 기대에 부응하지 못한다거나, 혹은 직장에서나 가정에서 자신의 책임을 다하지 못할까 두려워하는 것입니다. 저는 당시 제가 제 강점을 다 알지 못하는 상황이었기에 2천여 명이나 되는 관객들 앞에서 제대로 춤을 추지 못할까 봐 두려워했었죠.

두 번째로는, 알지 못하는 것들에 대한 두려움입니다. 사랑하는 사람이 아프거나 다치는 것, 혹은 어떤 모임에 속하지 못하게 되는 것 등 여러분이 통제할 수 없는 무언가가 일어날까 두려워하는 것입니다. 얼마나 많이 준비했고 얼마나 능력이 뛰어나든 간에 어떤 일이 일어날지 모르는 라이브 공연도 그렇습니다. 의상에 문제가 생기거나, 신발 끈이 풀리거나, 머리 장식이 떨어지거나, 소품을 떨어뜨리거나, 안무를 잊거나 … 라이브 공연의 세계에서는 알 수 없었던 일이 무수히 많이 일어나니까요.

그중에 최악은 두려워하는 것을 두려워하는 것입니다. 불안계의 PTSD(외상후 스트레스 장애)입니다. 어떤 상황에 제대로 대처할 수 없을 것이라 자신을 의심하게 되면, 다음에 그런 상황을 마주했을 때 다시 두려움이 생겨나 나를 짓누르지 않을까 걱정하는 거죠. 걱정하게 될 것을 걱정하는 것입니다. 두려워할 것을 두려워하는 것이고요. 이런 두려움이 최악인 이유는 악순환이 될 수 있기 때문입니다.

제 커리어를 돌아봤을 때, 데뷔 무대 당시에 상당한 스트레스를 안겨주었던 작품들은 다음번에 공연할 때도 저를 긴장시켰습니다. 어떤 때에는 그저 너무 어려운 공연이어서 일관된 퍼포먼스를 보여주지 못할까 불안했지만, 어떤 때에는 신체적으로나 체력적으로 너무 힘들 것을 벌써 알기에 곧 체력이 바닥나지 않을까 하는 두려움 때문에 불안하기도 했죠.

아직도 중요한 공연이 있기 1, 2주 전에는 이런 불안이 나타납니다. 속이 울렁거리고, 삶의 모든 부분에서 예민해지죠. 그토록 두려워했던 공연이 잘 마무리되고, 증상이 모두 사라지고 나서야 왜 그런 증상이 있었는지 뒤늦게 알게 되기도 합니다. 그제야 불안이 신체적으로나 정신적으로 어떤 힘을 미치는지 깨닫게 되는 것이죠.

이렇게 우리는 실패를 두려워하고, 알지 못하는 것을 두려워하고, 두려워하는 것을 두려워합니다. 그런데 이 세 가지를 엮는 하나의 공통점은 무엇일까요? 불안이란 결국 결과를 두려워하는 것입니다. 우리 머릿속에 최악의 시나리오를 작성해두고선 그게 현실이 되지 않을까 집착하며 모든 시간과 에너지를 쏟아붓는 격이죠.

그렇게 보면, 모든 걱정이 실제로 얼마나 말이 안 되는지 깨닫게 됩니다. 앞으로 우리 사회가 얼마나 발전하건 간에 절대 미래를 예측할 수는 없을 것입니다. 즉, 어떤 상황에서 어떤 성과를 낼 수 있을지 혹은 어떤 것이 어떻게 전개될지 전혀 알지 못하는 상황에서 결과를 걱정하는 것은 에너지 낭비입니다. 어떤 일이 발생하기도 전에 최악의 결과를 상정할 이유가 있을까요? 또 걱정이 집중을 얼마나 흩뜨리는지도 알 수 있습니다. 실패할까 걱정할 시간에 최상의 결과를 낼 수 있도록 만반의 준비를 할 수 있으니 말이죠.

얼핏 걱정함으로써 상황을 더 적극적으로 통제하고 있다고 생각할 수도 있지만, 이는 잘못된 생각으로 자신을 안심시키는 것입니다. 그저 불안한 우리의 마음에 무언가 할 일을 주는 것뿐이에요. 생산적인 기분은 들지 몰라도 실제로는 성공하지 못하도록 우리를 가로막는 것입니다. 마치 제 첫 데뷔 무대인 〈샤콘느〉 공연 직전 제가 새벽 네 시까지 뜬눈으로 밤을 새우며 머릿속으

얼핏 걱정함으로써 상황을 더 적극적으로 통제하고 있다고 생각할 수도 있지만, 이는 잘못된 생각으로 자신을 안심시키는 것입니다. 그저 불안한 우리의 마음에 무언가 할 일을 주는 것뿐이에요. 생산적인 기분은 들지 몰라도 실제로는 성공하지 못하도록 우리를 가로막는 것입니다.

로 온갖 최악의 시나리오를 상상했던 것과 같습니다. 그 시간에 잠을 자면서 몸을 쉬어주고 다음 날 공연을 위해 체력을 비축하는 편이 나았을 것입니다. 우리는 걱정을 하느라 너무나 많은 시간과 에너지를 낭비합니다. 정작 중요한 순간을 위해 준비하는 데 쓸 시간과 에너지를 소모하는 것이죠.

특히나 완벽해야 한다고 자신을 크게 압박하고, 실수나 학습에 드는 시간을 용인하지 못하는 사람들에게 이와 같은 성향이 자주 나타난다고 생각합니다. 이건 처음부터 자신을 의심하기로 결심하는 것이나 마찬가지예요. 내가 내 편을 들어준다고 해도 충분히 힘든 게 인생인데, 이 얼마나 안타까운 모습인가요. 우리는 스스로 성공할 수 있게 최고의 기회를 주어야 합니다. 이때 첫 단계는 자기 자신이 가진 최대한의 잠재력을 지지하는 응원군이 되는 것입니다.

아마 여러분들이 지금 불안에 대응하는 방식은 크게 두 가지 중 하나일 것입니다. 아예 회피하고 부정하거나, 아니면 심한 감정적 반응을 보이는 것이죠. 어떤 프로젝트가 너무나 두려워 얼어버린 나머지 시작조차 하지 못한 분들이 많이 계실 겁니다. 한편 끝없이 눈물을 쏟아내며 훨씬 더 감정적으로 두려움을 대하는 분들도 계실 겁니다. 둘 다 두려움과 불안감을 대하는 자연스러운 방법이긴 하지만, 도움이 되지는 않습니다. 안전망이라고 생각했지만 실은 자기 파괴적 행동이죠.

인생을 살아가면서 스트레스나 압박을 얼마나 받을 수 있을지 늘 통제할 수는 없습니다. 하지만 더 이상 결과를 망치지 않도록 대처 방법을 만드는 연습은 할 수 있죠. 저 역시 수년간 프로 발레리나 생활을 한 다음에야, 불안을 통제하는 저만의 전략들을 개발할 수 있었습니다.

시간이 지나면서, 호아킨과 저는 〈호두까기 인형〉을 계속 함께했고, 점차 그 배역에 익숙해졌습니다. 공연마다 일관되게 실력을 보여줄 수 있었고, 우리에게 맞는 스텝을 깨우치기도 했죠. 모두 발레 마스터들이 저희에게 알려줄 수 없었던 부분들입니다. 발레 마스터들께서 해줄 수 있는 건 스텝을 알려주고, 춤이란 무엇인지 가르쳐주고, 지지를 보내주는 정도입니다. 우리에게 맞는 스텝을 몸으로 느끼고, 우리에게 필요한 기법이나 수단을 찾는 건 우리 몫입니다. 내 몸이 균형을 잡고 있는지 아닌지 느낄 수 있는 건 나 자신이고, 그걸 알 수 있는 유일한 방법은 공연과 연습뿐이죠. 관객들 앞에서 스텝을 밟을 때마다 언제 균형을 잡아야 하는지를 알려준 건 무대였고, 저는 무대가 저의 진정한 스승이라고 믿게 되었습니다. 저는 불안에 굴복하고 제가 실패할 수 있다고 믿으며 이를 곱씹는 것은 성공과는 거리가 멀다는 걸 깨달았습니다. 대신에 리허설을 잘하고, 잘 자고, 좋은 음식을 먹는 것, 즉 나 자신을 돌보는 데 제 모든 에너지와 집중력을 쏟아야 한다는 것을 알게 되었죠. 모두 제가 통제할 수 있는 것들입니다.

실패로 끝났던 그 공연으로부터 11년 뒤 어느 날, 제 상사가 저를 복도에서 멈춰 세웠습니다. 그러더니 아쉽겠지만 저와 호아킨이 그해 〈호두까기 인형〉 시즌에 외부 일정을 삼가줬으면 한다는 말을 건넸습니다.(수석 무용수가 좋은 점 중 하나는 〈호두까기 인형〉 공연 기간에 소정의 돈을 받고 외부의 다른 학교나 다른 소규모 발레단의 〈호두까기 인형〉 주연 역도 병행할 수 있다는 것입니다.) 저는 당황했지만, 곧 예를 갖추고 당연히 발레단에서 말씀하시는 내용대로 따르겠다고 대답했습니다. 그러자 그분께서는 곧 그 이유를 설명해주셨는데, 이유인즉슨 우리 발레단에서 하루는 PBS 방송국에서 방영될 〈호두까기 인형〉 생중계 공연을 촬영할 것이고, 그다음 날에는 전 세계 극장에서 상영될 버전을 촬영한다는 것이었습니다. 그때 저와 호아킨이 파드되를 했으면 좋겠다는 말씀을 덧붙이셨죠.

이번에도 처음에는 흥분이 차올랐습니다. 그리곤 끔찍한 공포가 찾아왔습니다. 이미 그때 즈음엔 호아킨과 함께 10년 정도 공연을 한 터라 파드되를 얼추 일관되게 선보일 수 있었지만, 우리의 몸짓 하나하나를 촬영하는 생중계 카메라의 압박 속에서 공연을 잘할 수 있을지 생각하다 보니 마치 스포트라이트에 몸이 굳었던 열아홉 살로 돌아간 느낌이었습니다. 데뷔 무대에 다시 서게 된 느낌이었죠.

공연이 다가오자, 저는 체력적인 준비만으로는 부족할 것이란 걸 깨달았습니다. 실수나 재촬영이 용납되지 않는 기회였기 때문에, 저는 정신적으로도 강해질 방법을 찾아야 했습니다. 그 순간에 불안이 저를 흐트러뜨리게 둘 수 없었기에, 단번에 불안을 다룰 방법이 필요했습니다. 아무리 경험이 쌓인 프로라도 불안을 완전히 없앨 수는 없다는 점은 받아들이기로 했습니다. 대신, 제가 불안을 통제할 수 있도록 그 에너지를 긍정적인 측면으로 전환하는 법을 배워야 했습니다.

서점의 자기계발서 코너에서 스트레스를 다루는 책을 찾다가, 알레타 제임스Aleta St. James가 쓴 『인생의 변화: 자유롭게 꿈꾸던 삶을 살아가기Life Shift: Let Go and Live Your Dream』라는 책을 발견했습니다. 이미지화와 명상에 관한 책이었는데, 그때는 그게 도움이 될지 안 될지 몰랐지만 일단 뭐든 해봐야겠다는 마음이었습니다. 완전히 연약해진 상태라 외부의 도움이 필요한 걸 알고 있었기 때문에 마음을 열고 기꺼이 받아들이자는 태도로 임했습니다.

알고 보니 그 책은 제 고민을 관통하고 있었습니다. 어떻게 하면 굳건한 마음을 가지며, 스트레스 속에서도 더 강하고 회복력 있는 정신력을 기를 수 있는지 다루는 책이었죠. 저는 책에 나온 대로 매우 자주 목욕과 명상을 병행했고, 제 머리 위에서 특정 색깔의 빛이 내리쬐며 제 몸을 관통하는 상상을 하기도 했습니다.

아무리 경험이 쌓인 프로라도 불안을 완전히 없앨 수는 없다는 점은 받아들이기로 했습니다. 대신, 제가 불안을 통제할 수 있도록 그 에너지를 긍정적인 측면으로 전환하는 법을 배워야 했습니다.

가끔은 자신을 보며, '와, 제정신이 아닌데.'라고 생각하기도 했지만, 그렇게 이미지를 떠올리는 방식은 제 과도한 불안을 잠재우는 데 도움이 되었고, 제가 살아남는 데 도움을 주었습니다. 이미지화와 에너지화가 얼마나 큰 변화를 주는지 그 힘을 믿는다면 이들은 훌륭한 수단이 될 수 있죠. 저는 뭐가 되었건 안정감을 느끼도록 해주는 것이라면 무엇이든 받아들일 준비가 되어 있었습니다.

저자에 따르면, 강렬한 감정을 느끼게 되면 사람들은 주로 패닉 반응을 보입니다. 숨이 얕아지며 결국 강렬한 감정을 처리하지 못하게 되는 것이죠. 이미지화 기법과 심호흡하는 방법을 활용한다면, 감정을 단순히 억누르는 것이 아니라 감정에서 벗어날 수 있습니다. 이때 감정마다 붙이는 색깔이 각기 다릅니다. 밝은 오렌지색 태양을 떠올리며 그 태양빛이 나를 쬐는 모습을 상상한다면 화를 해소할 수 있고, 코발트블루는 혼란스러운 감정을 처리하는 데 도움을 주며, 분홍색은 슬픈 감정을 줄여줍니다. 각각의 부정적인 감정이 떠오를 때, 그에 맞는 색을 호흡하면서 그 너머에 숨은 두려움이 무엇인지 자문해보고, 각 색깔이 화, 혼란스러움, 슬픔을 분해하도록 두면 이내 평화로운 감정을 느끼게 되는 것입니다.

〈호두까기 인형〉 첫 공연 날, 저는 일찍 도착해 무대 뒤에서 공연 앞부분을 지켜보았습니다. 단단한 마음을 유지할 수 있도록 헤드폰을 끼고 어린 시절부터 아버지 덕에 좋아하게 된 클래식 록을 들으면서요. 항상 들을 때마다 안전한 마음이 들고, 고향에 온 느낌을 받았거든요. 저는 그저 그 순간을 즐기려고 했습니다. 발레단의 공연이 아주 좋아 보였고, 이런 특별한 순간에 함께하게 되어 매우 자랑스러웠습니다.

순식간에 2막이 올랐습니다. 파드되 순간이 다가오자, 저는 자동으로 '무슨 일이 일어나는 중인지는 생각하지 말자.'라고 마음먹었습니다. 몇 달이나 준비했던 공연을 드디어 할 때가 왔다는 사실을 자각해서는 안 되었습니다. 생중계 촬영 중인 데다 평생 남을 공연이라는 부담을 지고 있는 상황에서 '아, 지난주에 리허설하다가 넘어졌던 스텝을 할 차례다.'라거나 '다들 자세히 보고 있을 스텝이야.' 같은 생각이 드는 순간, 떨리고 긴장될 게 분명하니까요.

무대로 걸어 나가면서 저는 제 다리를 안정시키기 위해 무언가 편안하고 익숙한 것에 뇌를 집중시켜야 한단 걸 깨달았습니다. 워밍업을 하는 동안 이글스의 〈호텔 캘리포니아〉를 들었는데, 무대로 나가자마자 머릿속에 그 가사가 맴돌았습니다. 그렇게 파드되를 하는 내내 저는 오케스트라 피트에서 흘러나오는 음악에 맞춰 머릿속으로 그 가사를 흥얼거렸습니다. 그 덕분에 제 뇌는 훨씬 차분한 상태를 유지할 수 있었죠. 만약 제가 머릿속의 클래식 록을 꺼버렸다면 저는 그 순간에 제가 무엇을 하고 있는지 생각하기 시작했을 테고, 제 몸은 이내 잔뜩 떨고 긴장했을 것입니다.

이런 생존 전략은 제가 책에서 읽었거나 계획했던 것이 아닙니다. 그저 그 순간에 떠올랐던 거죠. 제 마음이 패닉에 빠지려는 걸 느꼈기에 그 순간 착륙할 수 있는 곳을 찾았고, 바로 직전까지 듣던 노래를 이용해 현실에 발을 디딜 수 있었던 것입니다.

효과가 있었습니다. 우리 둘은 파드되를 완벽하게 해냈습니다. 제 커리어를 통틀어 그때 그 순간만큼 제 성과에 자부심을 가졌던 적이 없었습니다. 다른 어떤 일이 벌어진다고 하더라도, 적어도 그 두 번의 성공적인 라이브 공연에 대해서만큼은 뿌듯할 수 있을 것 같았습니다. 저는 젊은 무용수들이라면 누구도 모를 수 없는 상징적인 배역을 맡아서 촬영했고, 그렇게 저와 호아킨은 영원토록 기록되었습니다.

앞으로도 계속 두려움이나 의구심을 느낄 것이란 건 알고 있습니다. 하지만 저는 수년간의 경험을 통해 저를 제한하는 감정들은 무대 뒤에 두고, 공연에서는 최고의 기량을 발휘할 방법을 배워왔습니다.

저는 처음 〈호두까기 인형〉 파드되를 할 때보다 정신적으로나 체력적으로나 믿기 힘들 정도로 발전했습니다. 그렇게도 의심하고 두려워하던 제가 온전히 그 순간을 장악하는 단계까지

밀고 나아갈 수 있었던 건 지금 돌아봐도 놀랍습니다.

제가 그 기회를 통해서 얻은 가장 큰 소득은 경험이란 조급해 한다고 쌓이는 것이 아니며, 경험이 쌓여야 일관된 실력을 갖출 수 있고, 그 일관성이 곧 자신감으로 이어진다는 깨달음입니다.

어쩐지 불가능해 보이는 프로젝트를 처음 맡으면 부족한 경험 치 때문에 자신감이 가장 낮은 수준에서 시작하게 됩니다. 하지만 여러분이 아직 자신을 믿지 못한다는 사실을 다른 사람도 알 필요는 없죠. 오히려 그들은 여러분이 실수할 수 있을 거란 가능성을 열어둘 수도 있습니다. 그저 과정을 한 단계 한 단계 밟아 나가는 것, 처음부터 완벽해야 한다는 기대를 버리는 것이 중요합니다.

발레 공연을 하든, 마라톤을 뛰든, 소개팅을 하든, 중요한 면접을 앞두고 있든, 우리에게 중요한 일일수록 불안감은 더욱 커지게 마련입니다. 하지만 불안감은 기대 속에서만 존재합니다. 실재하지 않아요.

미리 소설부터 쓰지 않도록 해봅시다. 어떻게 될지 걱정부터 하지 말고 그냥 해보는 거예요. 스트레스를 그대로 둔다면 정작 중요한 순간에 필요한 에너지만 사라질 겁니다. 나를 망치기만 했던 과거의 대처 방법은 버리고 나를 믿을 수 있게 도와주는 새로운 대처 방법을 받아들이세요. 그리고 기억하세요. 불안이 쓰는 최악의 시나리오인 실패조차 영원하지 않다는 걸요. 인생은 그보다 훨씬 너그럽습니다. 그리고 대부분 만회할 기회가 주어진답니다.

# 2장
# 나의 고유함 받아들이기

어떻게 하면 결점에 대한 걱정을 그만둘 수 있을까?

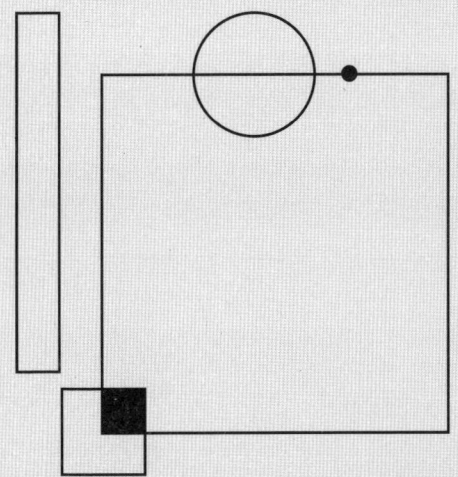

어릴 때 저는 발레반 여자아이 중에서 키가 가장 작았습니다. 공연이 있을 때면 부모님은 저를 단박에 알아보실 수 있었죠. 제가 제일 작았으니까요. 제가 다른 아이들보다 키가 작았던 이유는 나이가 더 많은 학생과 같은 반이었기 때문입니다. 하지만 수치로도 161cm 정도였으니 평균보다 항상 작은 편이긴 했습니다.

키가 작아서 좋은 점은 급격한 성장기를 겪지 않았다는 것입니다. 발레를 배우는 중에 갑자기 키가 훌쩍 커버리면 자라난 몸에 맞춰 동작을 새로 배워야 하는데, 저는 한 번도 그럴 필요가 없었습니다. 하지만 안 좋은 점도 있습니다. 발레도 시각 예술에 속하는 만큼 멀리서 봤을 때 무용수들의 단체 모습이 그림처럼 보여야 하고, 그렇기에 무용수들 사이에 스며드는 게 중요하기 때문입니다. 또 솔리스트라고 하더라도 키가 큰 경우, 관객들은 멀리서도 무용수를 더 잘 볼 수 있고, 무용수는 무대를 더 크게 쓸 수 있어서 관객들의 흥미를 더 끌 수 있습니다.

나이가 더 들면서 어머니와 저는 과연 저처럼 조그마한 사람도 발레계에 설 자리가 있을지 고민하기 시작했습니다. 유타주에 있는 프로 발레단은 키 제한을 엄격하게 두고 있었습니다. 당시 기준으로 오디션을 보기 위해서도 여자들은 약 168cm 이상이어야 했고, 남자들은 약 183cm 이상이어야 했습니다. 유타주 이외의 발레단 상황은 몰랐기 때문에 저와 어머니는 혹시라도 커리어를 쌓는 데 키가 작은 게 방해가 될까 걱정했습니다.

당시 스쿨오브아메리칸발레학교의 6주 여름 집중과정을 들으러 뉴욕에 갔을 때 어머니와 했던 첫 전화 통화는 절대 잊지 못할 것입니다. 어머니의 첫마디는 이거였죠. "네가 제일 작니?"

저는 작은 축에 속하지만 제일 작은 건 아니라고 대답했습니다. 저는 남들과 다르다는 것이 너무나 걱정되었고 그저 그곳에 잘 녹아들고 싶을 뿐이었어요.

발레단 입단 첫해, 저는 전체 백여 명 정도의 발레 단원 중 제가 두 번째로 작다는 걸 깨달았습니다. 저보다 작은 발레리나는 약 158cm이었고, 가장 큰 발레리나는 178cm 정도였으니, 저는 가장 작은 축에 속하긴 했습니다. 하지만 당시 저는 개의치 않았습니다. 발레단에서 이미 저를 받아주었으니까요. 저는 그저 발레단에 들어오기에 충분한 외양인 것에 행복할 따름이었습니다.

뉴욕시티발레단의 좋은 점은 다양한 신체 유형을 포용한다는 것이었습니다. 대부분의 미국 발레단은 그렇지만, 파리오페라발레단 Paris Opera Ballet이나 볼쇼이발레단 Bolshoi Ballet 같은 해외 발레단의 경우, 모든 단원은 정해진 틀에 맞는 모양새를 갖춰야 했습니다. 무용수들은 키도, 발도, 다리 모양도, 비율도 모두 알맞아야 했어요. 뉴욕시티발레단에서도 중요한 부분이긴 하지만 그래도 조금 더 유연합니다. 아마 미국의 발레단을 보시면 키나, 비율, 근육의 모양새가 훨씬 다양하다는 것을 알 수 있습니다.

물론 처음에는 제 키가 배역에 부정적인 영향을 미치긴 했습니다. 저는 제 동기들과는 달리 〈세레나데$^{Serenade}$〉나 〈성조기 $^{Stars\ and\ Stripes}$〉처럼 군무 규모가 큰 일반적인 발레 공연에서 언더스터디로 뽑히지 못했습니다. 그래도 정말 괜찮았습니다. 이미 충분히 바쁜 나날들을 보내고 있었고, 발레단 생활에 적응하고 있으니 행복할 따름이었죠.

당시만 해도 그렇게 천천히 적응하는 생활이 몇 달도 채 못 갈 것이란 생각은 하지 못했습니다. 그런데 얼마 지나지 않아 이곳저곳에서 작게나마 솔리스트와 주요 역할로 뽑혔어요. 작은 키 탓에 눈에 띈 것일 수도 있겠지만, 이유야 어쨌건 이런 배역이 주어져 몹시 두려웠음에도 그 덕에 나만 큰 공연에 오르지 못한다는 사실을 잊을 수 있었습니다. 물론 동기들과 다른 길을 걷는 게 쉽지는 않았습니다. 군무 규모가 큰 공연을 함께했다면, 그 유대감도 진정으로 즐겼겠지요. 하지만 저는 저만의 특별한 여정을 걷고 있다는 걸 깨달았고, 삶이 제게 주는 것들을 온전히 받아들이게 되었습니다.

제가 연수생으로 발레단에 들어온 지 2년 뒤, 다른 발레단의 남자 무용수 두 명이 합류한다는 발표가 났습니다.(뉴욕시티발레단의 경우, 대개 청소년기에 스쿨오브아메리칸발레학교를 다닌 사람들만이 입단할 수 있기에 정말 드문 경우였습니다. 하지만 발레계에서 특출난 남자 무용수를 만나기란 쉽지 않기 때문에 재능 있는 남자 무용수가 오랫동안 발란신의 발레단에 들어오기를 꿈꿔왔다면 규칙이 느슨하게 적용될 수도 있습니다. 남자들보다 여자들 간의 경쟁이 훨씬 더 치열하고 엄격하다는 건 이 업계에서는 그저 받아들여야 하는 부분이에요.) 그중 한 명은 덴마크왕립발레단Royal Danish Ballet에서 온 아스크 라 쿠르Ask la Cour라는 덴마크인으로, 키가 190cm였고 코르드발레로 합류했습니다. 다른 한 명은 아메리칸발레시어터에서 온 키 170cm의 솔리스트로 그 이름은… 네 맞습니다. 호아킨 데 루즈였죠.

그해 가을, 호아킨이 발레단에 합류한 뒤 코펜하겐에서 처음으로 같이 발레 투어를 할 때까지만 해도 저는 별생각이 없었습니다. 하지만 바로 한 달 뒤, 〈호두까기 인형〉 공연을 처음 함께 선보이게 됩니다. 미숙한 열아홉 살 무용수와 경험 많은 스물일곱 살 선배가 합을 맞추게 된 것입니다. 저는 그 첫 공연이 완전히 실패했다고 생각하지만, 무대에서 우리 둘의 모습이 잘 어울렸다는 건 분명했습니다. 그 이후로 우리는 단골 파트너가 되었습니다. 키가 작아서 다른 발레단에서는 오디션도 못 봤던 제가 호아킨에게는 바로 그 덕에 완벽한 파트너가 된 것이죠.

몇 달 뒤, 저는 다른 두 명의 무용수들과 함께 상사의 사무실로 호출되었고, 솔리스트로 진급한다는 말을 들었습니다. 충격이었어요. 보통은 4년 이상 군무를 추는데 저는 당시 1년 반 정도밖에 되지 않았거든요. 진급은 생각도 하지 않고 있었습니다. 아직 배울 게 너무도 많았고요. 그래도 솔리스트로 진급한 건 기뻤고, 다음 날 공연을 하면서는 새로운 타이틀과 그에 따르는 기대감에 더욱더 떨렸던 기억이 납니다.

그 이듬해 1월, 저는 다시 피터의 사무실로 호출되었습니다. 이번에는 호아킨과 함께였습니다. 저는 이번엔 지난번처럼 기쁘지만은 않을 걸 알았어요. 그로부터 한 달 전, 호아킨과 〈호두까기 인형〉 공연을 하고 돌아오다가 발레단에서 빌린 튀튀를 비행기에 두고 내려버렸기 때문입니다.

비행기 앞쪽 옷장에 튀튀를 걸어두는 게 안전하다는 승무원의 말에 따라 그렇게 했는데, 나중에 들고 내리는 것을 완전히 깜빡한 것입니다. 보통 튀튀는 5천~1만 달러 정도이기에 그저 민망한 실수라고만 하기에는 비용도 만만치 않았죠. 잠시 정신을 놓고 있다가 봉급에서 약 5천 달러가 삭감될 지경이었습니다.

"튀튀를 잃어버렸다던데."라고 피터가 운을 떼었고, 저는 자초지종을 설명했습니다. 중반 정도 이야기했을 때, 저는 그 자리에 함께 있던 메인 발레 마스터님을 쳐다보았고 피터는 미소를 짓기 시작했습니다. 그러더니 "그것 때문에 부른 게 아니고! 진급시켜주려고!"라고 말씀하시는 거였어요.

저는 입이 떡 벌어졌습니다. 튀튀 사건도 전혀 예상하지 못했지만, 당시 저는 솔리스트가 된 지 1년도 채 안 됐으니까요. 이해할 수가 없었습니다. "정말요? 진짜요? 진심이세요?"만 반복했던 기억이 납니다. 호아킨이야 경험이 충분하니 진급이 당연해 보였습니다. 하지만 제 진급은 뭔가 착오가 있었을 거란 생각이 강하게 들었습니다. 그때 사무실을 나와 복도를 걷던 호아킨과 저는 완전히 다른 반응이었습니다. 한 명은 뿌듯하고 만족한 채로, 한 명은 완전한 충격과 혼돈의 도가니 속에서 걸어갔죠. 그때 저는 튀튀 때문에 어떻게 혼나게 될까만 고민하고 있었으니까요. (결국, 튀튀 사건은 그냥 묻혔습니다. 단 한 번도 언급하신 적이 없고 의상 분실 비용을 청구하지도 않았습니다. 승진에다가 면죄부까지 받은 셈이죠!)

그 이후 14년간 호아킨과 저는 함께 커리어를 쌓아왔습니다. 다른 파트너가 없었던 것은 아니지만, 같은 발레를 배우고 있을 때면 늘 둘이 함께 파트너로 캐스팅되었습니다. 점차 저는 제 키가 약점이 아니라 장점임을 받아들이게 되었습니다. 제 키가 7cm 정도 더 커져서 이상적이라 생각했던 신장인 168cm가 되었다면 어떻게 됐을까요? 분명히 이 기회들을 얻지 못했을 것입니다. 저를 돋보이게도 하고 저를 부끄럽게도 했던 제 가장 고유한 특징이 결국은 저를 제일 앞줄로 이끈 셈이죠.

저를 돋보이게도 하고 저를 부끄럽게도 했던 제 가장
고유한 특징이 결국은 저를 제일 앞줄로 이끌었습니다.

뉴욕시티발레단처럼 규모가 큰 발레단의 경우, 각 배역에 완벽히 들어맞는 무용수들을 배정할 수 있게끔 무용수가 충분한 편입니다. 발을 빨리 움직여야 하거나 점프와 턴이 많은 배역은 주로 키가 작은 무용수들에게 주어집니다. 반면에 아름다운 아다지오adagio* 동작들은 키가 큰 무용수들에게 주어져요. 그러니 어느 날 〈호두까기 인형〉 공연 인터미션 때 제 상사인 피터에게 〈백조의 호수Swan Lake〉 공연을 해보면 어떻겠냐는 제안을 받았을 때 제가 얼마나 놀랐겠어요.

〈백조의 호수〉는 항상 키 큰 발레리나들 몫이었습니다. 그렇기에 저는 생각조차 해보지 못했던 공연이었죠. 유타주에서 제게 처음으로 발레를 가르쳤던 선생님께서 저더러 〈백조의 호수〉 공연은 언제 하느냐고 물으실 때마다 저는 그건 키 큰 발레리나용이라고 설명드려야 했습니다. 그래도 상관없었습니다. 이미 열과 성을 다해야 하는 어려운 발레들이 많은 상황이었고, 무엇보다 저는 제게 어울리는 걸 하는 게 좋았습니다. 제 최고의 모습이 발현되지 않을 일을 억지로 하는 것엔 관심이 없었어요.

피터가 〈백조의 호수〉 이야기를 처음 물어보았을 때 저는 2막만 있는 발란신의 버전을 말씀하시나 보다 생각했습니다. 당연히 전막 발레 전체를 말하는 건 아니겠지 싶었어요. 아마 그때

---

\* 천천히 느리게 춤을 추는 동작

저는 이렇게 대답했던 것 같아요. "어떤 거 말씀이세요? 〈백조의 호수〉 중에서 어떤 부분이요?" 저는 제가 〈백조의 호수〉 전막 공연을 맡을 것이라곤 상상조차 해본 적이 없었지만, 피터는 재미있을 것 같다며 이제 때가 온 것 같다고 말씀했습니다. 당시 서른세 살이던 저는 다시 데뷔하는 기분이었어요.

이 공연을 했던 뉴욕시티발레단의 무용수 중 제가 가장 작았는진 모르겠습니다. 작은 발레리나 중 한 명이었다는 건 확실했지만요. 〈백조의 호수〉는 주로 마리아 코우로스키Maria Kowroski나 사라 먼스Sara Mearns처럼 평소엔 저와 역할이 겹칠 일 없는 무용수들 몫이었습니다. 그만큼의 키 차이를 만회하려면 정말 많이 고민하고, 준비하고, 코칭을 받아야 한다는 의미이기도 했어요. 한 마리의 긴 백조처럼 보여야 하는데 그러기엔 제 신장이 너무 짧은 것 같아서 진심으로 걱정이 되었습니다.

저는 포르드브라port de bras*를 모두 아름답게 해낼 수 있도록 어깨를 유연하게 만들기 위해 자이로토닉gyrotonic** 훈련에 집중했습니다. 그리고 발레단 리허설이 시작되기도 전에 올가 코스트리츠키Olga Kostritzky라는 러시아인 코치님도 모셨습니다. 이분은 스쿨오브아메리칸발레학교에서 학생들을 가르친 분으로, 고

---

\* 어깨와 팔 전반을 사용하는 발레 동작
\*\* 원판과 케이블을 활용한 가동성 강화 운동

전적인 역할 코칭의 대가였습니다. 코치님 덕분에 저는 이 정도 무게감의 배역에서 요구되는 열정과 아름다움을 어떻게 표현해야 하는지 이해할 수 있었습니다. 저는 키 큰 무용수들과 비슷한 포지션을 차지하기 위해 제 몸의 라인을 최대한 활용하는 데 집중했습니다. 그렇게 저는 아티스트로 성장하고 있었습니다. 키 큰 발레리나들의 커리어에서도 최정점이라 생각했던 바로 그 발레를 제가 해냈단 사실이 뿌듯하기도 하고 상당히 만족스럽기도 했습니다. 저도 제가 이런 역할에 충분히 걸맞단 걸 스스로 믿기까진 많은 시간이 걸렸어요.

이 경험을 통해 저는 고유함이 어떤 매력을 발하는지 알게 되었습니다. 무대를 빛내본 무용수는 그 전과는 완전히 달라지기 마련이니까요. 우리는 모두 이 사회에 속하기 위해, 트렌드를 좇으려 많은 시간을 쏟습니다. 하지만 모두가 똑같은 모습으로 똑같이 행동한다면 세상이 얼마나 지루할까요. 나를 다른 사람과 다르게 해주는 그 무언가를 발견하고 포용하는 법을 배워야 합니다. 비록 내게는 '결점'처럼 여겨지는 것일지라도 그 덕에 우리가 눈에 띄게 되는 것이니까요. 그리고 그 덕에 그토록 중요한 첫 기회를 얻게 되기도 하는 것입니다.

어쩌면 여러분의 고유함은 도무지 결점으로밖에 생각되지 않는 것일 수도 있습니다. 배움의 속도가 느리다거나 직장에서 집중을 못 하는 것일 수도 있죠. 하지만 그런 난항을 겪는 사람이라면, 그만큼 다른 사람에겐 쉽게 주어지는 걸 손에 쥐기 위해 더 큰 노력이 필요할 것입니다. 그 과정에서 노력과 의지를 불태운 덕분에 강한 회복력과 의지력을 갖춘 사람으로 거듭나고 결국 경쟁자들을 앞지를 수도 있을 거예요. 발레에서도 이런 경우가 종종 있습니다. 재능과 재주를 타고난 무용수들이 현재에 안주하다가 그만 실력이 제자리걸음하고 말지요.

여러분이 스스로 정의해버리지 않는 한, 고유함은 약점이 아닙니다. 그 차이를 장점으로 만들어버리세요. 저 위로 오르는 티켓으로 만드는 것입니다. 고유함을 어떻게 갈고닦아 자신의 가장 멋진 모습을 빚을 수 있을지 고민해보세요.

저는 작은 키 덕분에, 프티 알레그로 petit allegro 처럼 발을 빨리 움직여야 하는 여러 동작을 정말 쉽게 느꼈습니다. 가눠야 할 몸이 길지 않기 때문에 턴과 점프도 더 쉬웠죠. 그래서 이런 동작들은 더욱 열심히 갈고닦았습니다. 그런 동작이 많은 공연이 있을 땐 자동으로 저를 떠올릴 수 있게요. 물론 제 춤의 모든 측면을 발전시키고자 노력했지만, 그래도 제 키가 주는 저만의 장점을 최대한 살리도록 노력했습니다.

돌아보면 어머니와 제가 키 걱정을 한 것이 우습기도 합니다. 결과적으로는 키야말로 저를 눈에 띄게 해준 비밀병기였으니 말이에요. 우리는 어떤 식으로건 무리 속에서 돋보입니다. 이때 보통은 무리에 녹아들지 않았단 것에만 속상해해요. 하지만 자신의 고유함을 받아들여야 한다는 것을 기억한다면, 그 고유함을 자신에게 유리하게 활용할 수 있습니다. 게다가 장점이건 단점이건 나 자신을 오롯이 받아들이는 것에서 나오는 자신감은 참 매력적이고, 사람들을 끌어당기죠.

나를 남다르게 만드는 무언가가 있다면 나를 제약하는 대신 그것이 나에게 유리하게 작용하도록 만들어보세요!

# 3장
# 몸과 마음의 균형 찾기

체중 관리로 인한 부정적인 감정을 어떻게 다스려야 할까?

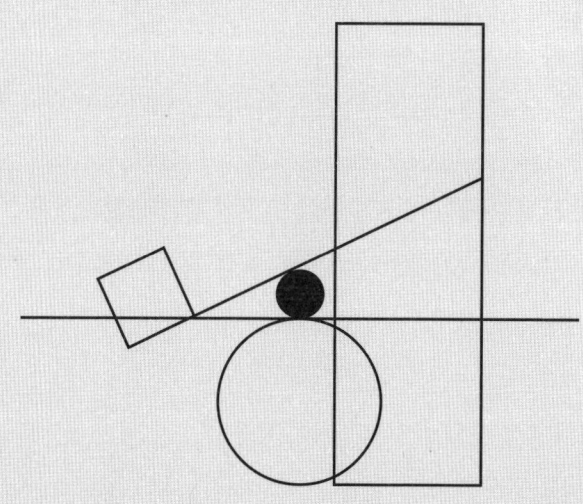

성장기를 돌아보면, 스쿨오브아메리칸발레학교의 첫 여름 연수 과정에서 돌아오기 전까지만 해도 몸무게를 신경 썼던 적은 없습니다. 그런데 5주간 격렬하게 춤을 추고 난 후 어쩐 일인지 저는 몇 킬로그램 정도가 더 쪘습니다. 혼자 챙겨 먹는 게 처음이었는데, 발레학교의 카페테리아에는 집에선 절대 볼 수 없는 음식들이 가득했기 때문입니다. 영양사인 어머니를 둔 덕에 집에선 정크푸드를 찾아볼 수 없었습니다. 그렇기에 발레학교 카페테리아는 마치 즐거운 대형 음식 창고 같았어요. 이성을 잃진 않았지만 보통 땐 먹지 않을 것들을 먹긴 했습니다.

　성장통이라 보기에는 제가 너무 빠른 속도로 살이 쪘다는 충격적인 사실을 깨달은 후, 어머니는 제게 칼로리가 무엇인지 정신이 번쩍 들도록 설명해주셨습니다. 대화는 우울하기 짝이 없었죠. 대화가 끝난 후에, 한 시간 정도 슬프게 당근을 씹으면서 갑자기 인생의 재미가 확 사라졌다는 생각을 했습니다. 건강한 식습관과 건강하지 않은 식습관은 선택에 달렸는데 마침 입이 즐거운 음식들은 죄다 건강하지 않단 걸 깨달은 순간이니 어찌

슬프지 않을까요!

그러다 토요일 아침이면 큰 와플이나 팬케이크 여러 장과 함께 오렌지 주스 농축액을 거품이 일게 따라 마셨던 어린 시절이 떠올랐습니다. 그렇게 즐거움 가득하고 걱정 하나 없던 어린 시절에 아침으로 먹었던 칼로리가 하루 전체에 필요한 칼로리 정도였단 걸 깨달으니 슬퍼졌어요. 어떻게 보면 제 순수의 시대가 끝난 듯했습니다. 한 무용수의 어린 시절이 끝난 셈이었죠.

저희 가족이 모두 그렇듯 저도 건강한 식습관을 갖췄고 식사도 제대로 즐기는 편입니다. 처음으로 발레학교를 다녀온 여름 이후 새로 맞은 학기 내내 저는 춤을 너무 많이 추느라 늘 배가 고팠습니다. 아침을 먹고 2시간 정도밖에 안 되었는데도 벌써 에너지 바와 스트링 치즈 몇 개를 먹고 있었습니다. 점심때는 페퍼로니 치즈피자 한 조각을 먹은 후, 아이싱이 올라간 큰 설탕 쿠키를 먹었어요. 집에서는 쿠키나 간식을 전혀 찾아볼 수 없었기 때문에 매일 학교에서 먹었습니다. 하교 후 발레학교에 가는 차 안에서는, 치즈처럼 보이게 만든 소스에 찍어 먹는 스틱 과자 팩 여러 개나 옥수수 알갱이를 튀긴 과자를 간식으로 먹었어요. 아니면 어머니가 챙겨주신 간식이라면 뭐든 먹었습니다. 저녁은 균형 잡힌 건강식으로 부모님께서 만들어주셨어요. 항상 채소와 고기, 탄수화물로 이뤄진 식단이었습니다. 음식별 칼로리가 얼마인지 알게 되었을진 몰라도 아직 식습관은 거의 그대로였습니다.

발레학교에서의 두 번째 여름이 되자 제 몸에는 굴곡이 생겼습니다. 그 전해에 알게 된 게이 친구 한 명은 제가 여성스러운 몸매를 가지게 되었다며 칭찬을 하기도 했죠. 이제 제 친구들도 해가 바뀌며 제 몸이 달라지는 것을 눈치채고 있었기에 저는 조금 더 제 몸을 의식하기 시작했습니다. 호르몬이 저 혼자 일을 하기 시작했던 때였죠.

그다음 해, 저는 스쿨오브아메리칸발레학교에서 풀타임으로 훈련을 하겠다는 큰 결심을 내렸고, 유타주에 있는 부모님 집에서 나와 맨해튼의 어퍼웨스트사이드<sup>Upper West Side</sup> 지역에 있는 발레학교 기숙사로 들어갔습니다. 매일 매일 고등학교 수업을 들으랴, 발레 수업 두 개도 들으랴, 가끔은 추가 리허설도 하랴 바쁜 나날을 보냈습니다. 워낙 바빴기 때문에 카페테리아에서 어떤 이상한 걸 먹더라도 몸매를 유지할 수 있었습니다. 특히 봄 워크숍 공연이 다가오면 몇몇 무용수가 몸무게로 난리 법석을 떨던 기억이 납니다. 그래서 다시 '몸무게 문제'를 신경 쓰기도 했죠. 하지만 그때도 뭔가 다른 걸 하진 않았습니다. 그냥 몸무게라는 걸 인식하게 되었을 뿐이죠.

그다음 해, 저는 연수생으로 발레단에 입단하게 되었습니다. 저는 단것을 너무나도 좋아했는데, 이제는 "단것 먹으면 저녁 못 먹는다."라고 말하던 사람도 주변에 없는 상황이었죠. 기숙사 카페테리아에서는 홈메이드 쿠키도 팔았습니다. 특별히 맛있지는 않았지만, 그래도 제 길티 플레져였어요. 첫 발레 수업이 끝나고 고등학교로 돌아가기 전, 저는 매일 바나나가 포함된 오트밀 두 팩과 쿠키 세 팩으로 된 '점심'을 챙겼습니다. 단것을 좋아하는 제 입맛에 완전히 딱 맞은 데다, 바나나를 먹는 건데 뭐 어때요! 제 친구들은 샐러드나 샌드위치를 먹고 있었지만, 저는 점심을 디저트로 만드는 이런 교묘한 비법을 잘도 활용하고 있었습니다.

발레학교 기숙사에서의 카페테리아식 식사는 사회적으로 매우 복잡한 의미를 띕니다. 여자아이 중에는 사람들 앞에서는 절대 음식을 먹지 않고, 대신 샐러드를 포장해 방으로 들고 가선 함께 가져간 통밀빵 위에 제로칼로리 오일 스프레이로 "이게 버터가 아니라니!"라는 문구를 적어서 먹는 아이들도 있었습니다. (참고로 그 스프레이의 1회 제공량당 칼로리는 제로였지만 제가 아는 영양사 한 분이 검사를 맡겨보았더니 한 통 전체는 900칼로리 정도였습니다! 참 요상한 광고 아닌가요!!) 그러다가도 이 아이들은 주말이면 기숙사 영화 상영의 밤에 폭식을 하곤 했습니다. 엔텐만스Entenmann's 과자, 치즈, 사탕 등 여러 길티 플레져로 가득한 간식 상자가 함께 제공되곤 했거든요. 돌아보면 기숙사 담당 직원분들이 좋은 마음에서 챙겨주신 걸 테지만, 우리 몸의 균형에는 전혀 도움이 안 되었던 것 같습니다. 마치 "완벽한 발레리나로 한 주 내내 완벽한 식습관을 유지하되, 주말에는 일반 아이들처럼 정크푸드를 먹어도 된다."라는 메시지를 보내는 것 같았습니다. 제 주변의 많은 무용수처럼 식단을 제한하고 있는 경우라면, 간식으로 가득한 테이블에 노출이 된단 건 곧 폭식이 뒤따른다는 의미였습니다. 저는 아직 식단으로 인해 정신적인 문제를 겪은 적은 없습니다. 다만 한 주 내내 샐러드만 먹던 여자아이들이 얼굴 한가득 음식물을 채워 넣다가 나중에는 속이 너무 안 좋아져서 말 그대로 변기를 붙잡고 있는 경우도 봤습니다.

그런가 하면 식사 대신 프로즌 요거트만 먹는 여자아이들도 있었습니다. 72번가에는 1회 제공량당 8칼로리밖에 안 된다는, 그 이름하여 온리에잇Only 8이라는 프로즌 요거트 가게가 있었습니다. 저는 종종 하루 한 번 정도 작은 컵을 사먹곤 했지만, 어떤 아이들은 파인트 한 통을 들고가 저녁 대신 그것만 먹었습니다.

한번은 토요일 오후에 배가 너무나도 고파서 치즈 케이크 한 조각과 소프트 쿠키 세 개 세트를 가지러 카페테리아로 내려갔던 적이 있습니다. 너무 많이 먹는 건가 하는 생각이 살짝 들면서 다시 기숙사로 돌아가는 엘리베이터를 탔는데, 문이 닫히기 직전에 학교장님이 같이 타셨어요. 저는 손에 간식을 한가득 들고 있는 게 아무 문제가 없는 양 미소를 지으려 했습니다. 학교장님께서도 이상한 기색을 내보이시진 않으셨지만, 저에게는 굴욕적인 일이었습니다. 제 식습관을 선생님께 들킨 것도 그랬지만, 특히나 심한 순간에 그 장면을 들킨 것은 더 이상했습니다.

선생님께서 저를 뭐라고 생각하실지 궁금했습니다. 자기 관리를 안 한다고 생각하시려나? 발레를 진지하게 대하지 않는 것처럼 보였으려나? 싶었어요.

먹는 것만 문제가 아니었습니다. 발레 스튜디오 밖에서의 운동도 마찬가지였어요. 어느 날 제가 계단을 걷는 대신 엘리베이터를 타는 걸 보고 같은 반 학생 한 명은 저를 못되게 쳐다보며, 제 행동을 평가하듯이 "계단 오르는 게 칼로리가 더 많이 빠질 텐데."라고 내뱉던 순간을 잊을 수 없습니다. 그 아이가 신체에 대한 관념에 문제가 있었는지 혹은 저를 정말 뚱뚱하다고 생각해서였는진 모르겠습니다. 그런 환경에서는 무엇이 진짜고 무엇이 이상한지 알기 어려우니까요. 어쨌거나 부정적인 에너지는 사람을 빨아들이게 마련이고, 그 이후로는 거울 속 저의 모습을 바라보는 태도가 달라지게 되었습니다.

연수생 시절 어느 날입니다. 당시 월경 전 증후군을 겪으며 몸이 심하게 부은 것 같아 제 몸이 안 좋게 보이던 때라 생생하게 기억납니다. 수석 발레 미스트리스$^{\text{head ballet mistress}}$* 한 분이 홀에서 저를 불러 묻더군요. "살찐 거 알고 있어요?"라고 말이죠.

저는 깜짝 놀랐습니다.

---

\* 발레단 총 책임자

모욕적이었어요.

불쾌했습니다.

이런 사생활 침해라니요. 친하지도 않은 성인이, 심지어 제 직장 상사가, 제게 체중 이야기를 하는 이유가 뭘까요? 너무도 불편하고 당황스러웠습니다.

저는 담담하게 "아니요. 몰랐습니다."라고 말했습니다. 정말 몰랐거든요. 월경이 다가와서 부은 느낌은 들었지만, 그것도 살이 찐 것이라 보아야 할까요?

그러자 그분은 "먹는 걸 좀 줄여야 할 것 같은데⋯ 가당 음료라거나? 그런 거 먹어요?"라고 말했어요.

"아니요."

"음, 쿠키나 다른 건요? 간식을 좀 줄일 수 있을 것 같은데."

그 이후 대화는 잘 기억이 나지 않습니다.

뚱뚱함에 대한 대화를 나누게 된 것입니다.

물론 발레계에선 충분히 있을 수 있는 일입니다. 그런 대화를 한단 것도 들었습니다. 하지만 제가 그 희생양이 될 것이라곤 상상도 못 했어요.

그 대화를 마치고 저는 곧바로 〈발로$^{Ballo}$〉라는, 통통 튀어야 하는 동작이 많은 공연 리허설을 하러 갔습니다. 더블 에샤페$^{échappé}$, 즉 일반 포인 스텝에서 바운스를 두 번 하는 동작이 많은 공연이었죠. 다른 발레 미스트리스 앞에서 이 변주 동작을 리허설하는 동안, 제 얼굴 위로는 눈물이 흘러내렸습니다. 저는 제 몸이 그렇게도 출렁이는 것을 평생 처음 느꼈습니다. 굴욕감, 편집증적인 감정, 우울감이 모두 한꺼번에 들었습니다.(재밌는 점을 추가로 하나 알려드릴게요. 제가 속상해하며 춤을 추고 있었는데도 발레 미스트리스는 그 이유를 묻지 않더군요. 그분의 입장을 대변해보자면, 이미 힘든 하루를 보낸 듯한 아이에게 굳이 꼬치꼬치 묻지 않는 게 제 체면을 지켜주는 일이라고 생각했을 수도 있을 것 같습니다. 원래라면 무용수들은 어릴 때부터 개인적인 문제들은 스튜디오 밖에 던져두고 스튜디오 안에서는 무용에만 집중하도록 배웁니다.)

뚱뚱함에 대한 대화를 한 직후, 발레단의 3주 휴가가 시작되었습니다. 저는 집으로 가서 영양사인 어머니의 도움을 받아 몸매를 가꾸기 위한 식단을 구성했습니다.(어머니에게 전문적인 도움을 받을 수 있다니 얼마나 행운아인가요!) 무용수들에게 체중 감량은 상당한 섬세함을 요하는 목표입니다. 무용수들은 이미 또래의 '일반적인' 사람들보다 치수가 작기 때문에, 살을 건강하게 빼면서 또 너무 많이 빼지 않도록 신중해야 합니다. 저의 경우는 따로 먹던 간식들을 중단하고, 제가 세상에서 제일 좋아하던 쿠키와 달달한 음식들에 작별을 고해야 했습니다. 그 이후 제 식단은 아침으로는 계란 흰자로 만든 오믈렛, 토스트, 과일이었고 점심엔 건강한 샌드위치와 건강한 칩, 그리고 어쩔 땐 과일 조금 더, 그리고 저녁엔 제가 어릴 때부터 먹던 균형 잡힌 식사(단백질,

탄수화물, 채소)로 바뀌었어요. 어머니께서는 특정 종류의 과일과 채소는 무한정 먹어도 된다고 하셨는데, 나중에 〈웨이트워처스 Weight Watchers〉라는 체중 감량 프로그램에서도 비슷한 내용이 나오더라고요. 이런 음식들은 먹어도 상관없다고 말이죠!(사실 상관이 아예 없진 않지요. 그래도 이런 음식을 간식으로 먹는 건 건강에 좋고 식이섬유 덕분에 혈당도 일정하게 유지할 수 있습니다.) 그렇게 설탕으로 가득했던 제 식단은 단백질, 식이섬유, 그리고 건강한 탄수화물로 가득한 식단으로 바뀌었습니다. 저는 몸의 잠재력을 최대한 발현시키는 것을 최종 목표로 삼은 엘리트 운동선수처럼 제 몸을 대하기 시작했습니다.

하지만 이 모든 경험이 정신적 건강과 정서적 건강에는 좋지 않은 영향을 주었습니다. 사춘기에 신체적인 변화를 겪을 땐 체중이 계속 자연스레 바뀌도록 두는 것이 중요합니다. 호르몬은 여러분의 몸에 말도 안 되는 변화를 일으킵니다. 그건 단순히 전날 먹은 것 때문에 생기는 변화가 아닙니다. 단지 호르몬의 영향을 계속 받는 성장기여서 그래요. 여러분이 잘못한 것은 아무것도 없습니다.

저의 경우, 결국 식단을 지나치게 꼼꼼하게 관리하게 되었습니다. 정식 단원으로 채용되기 위해서 못할 것이 없었으니까요. 아마 약간은 지나쳤기 때문인지 결국 제가 계획했던 것보다 살이 훨씬 많이 빠지고 말았습니다.

그때부터 저는 체중계와 아주 가까워졌습니다. 많은 이가 체중에 집착하게 된다는 이유로 체중계와 거리를 둡니다. 하지만 저는 오히려 체중계 덕을 보았어요. 매일 아침 체중을 재고 나면, 발레를 하는 동안 거울 속 나를 집착하듯 노려보면서 요즘 과하게 먹고 있는지 궁금해하지 않아도 되기 때문이죠. 거짓말하지 않는 명확하고 구체적인 수치가 있기 때문에 불확실성이 모두 사라지는 것입니다.

그렇게 저는 체중계 덕분에 다시 안전한 목표 체중을 달성할 수 있게 되었습니다. 뚱뚱하다는 말을 들었던 날의 체중보다 아주 약간 빠진 수치였죠. 저는 발레단 내에서도 아주 많은 기회를 얻기 시작했고, 가끔은 춤을 너무나도 많이 추는 나머지 충분히 먹지 못하는 날들도 있었습니다. 그럴 때는 음식에 대해 생각할 필요조차 없었죠. 이런 걱정들을 내려놓게 되며 정신적으로 온전한 자유를 느꼈습니다.

그래도 비수기 때나 리허설이 없을 때는 여전히 힘들었습니다. 보통 때보다 더 배고픔을 많이 느꼈고, 온종일 세상에 있는 모든 것을 먹어버리고 싶은 욕구와 싸워야 했습니다. 어떤 날은 발레단 수업이 끝나고 점심을 너무나 많이 먹어서 그날 먹은 칼로리가 어느 정도인지 계산을 해보려고 길을 가다가 멈춰 섰습니다. 계산을 해보니 처음 본격적으로 살을 빼려고 했을 때 세웠던 하루치 칼로리와 같은 수치였습니다. 그러자 문득 '이 직업과

이 라이프 스타일을 유지할 수 있을까?'라는 생각이 들었습니다. 이제 오후 1시인데 오늘 하루는 아무것도 못 먹는다니! 음식 섭취량에만 지나치게 신경 쓰면서 영양분은 신경 쓰지 않는 사고방식이었죠.

한 1, 2년 정도는 스스로 질릴 때까지 왕창 과식을 한 다음, 체육관에 가고 다음 날까지 자제를 해서 다시 원래 몸무게로 돌아가는 사이클이 반복되었습니다. 하지만 이런 격렬한 양극단은 악순환만을 낳았습니다. 저는 항상 너무 많이 먹거나 너무 적게 먹는 요요에 시달렸습니다. 중간은 없었죠. 정말 지치는 일이었어요. 돌아보면 그렇게나 성공적인 발레 커리어를 쌓아오면서 어떻게 그 시기를 버텼나 모르겠습니다. 아마 겉으로 보기엔 제가 전혀 달라 보이지 않았을지도 모르겠습니다. 그렇지만 스스로 적당히 먹을 수 있으리라 확신하지 못했기에 전 늘 초조함을 느꼈어요. 너무도 사소한 것까지 다 통제하고 있는 상황이 되니, 더 이상 제 뇌와 위가 연결되지 않는 것 같은 느낌도 들었습니다. 건강한 식습관을 가진 사람이라면, 충분히 먹고 난 뒤 위에서 이제 충분히 배가 부르다고 신호를 보내주죠. 하지만 저의 경우에는 그 신호가 완전히 차단된 것 같았어요. 한 번도 충분하다는 느낌을 못 받는 것 같았습니다.

게다가 발레를 하면서 받는 엄청난 압박감과 책임감도 전혀 도움이 되지 않았습니다. 먹는 것에 있어서도 완전히 길을 잃은 상황인데, 리허설에서도 그 어느 때보다 제 체력의 한계가 시험대에 오른 것 같았어요. '내가 어떻게 이걸 할 수 있다고 생각하신 거지? 난 이렇게 잘하지 않는데.' 같은 생각을 늘 했던 기억이 납니다. 발레단 내에서 〈주제와 변주Theme and Variations〉로 데뷔를 하고 나서는 자신에게 큰 도넛 네 개를 포상으로 주고 다 먹어버렸던 기억도 납니다. 제 뇌와 제 위 사이의 연결이 완전히 망가진 거죠. 도넛 네 개를 먹어도 괜찮은 사람이 어디 있습니까? 이런 순간들엔 완전히 통제력을 잃어버린 느낌이 들었습니다. 성공적인 커리어를 위해서도 이런 행동을 멈춰야 한다는 것을 알았기에, 일로 인해 받는 스트레스를 더 잘 관리하는 방법을 찾으려 했습니다.

그래서 어떻게 다시 본래 모습으로 돌아왔느냐고요? 서서히 돌아왔습니다. 우선, 제 발레 스케줄상 식사를 과하게 제한할 수는 없단 걸 깨달았습니다. 그렇게 제한을 두다 과식을 하게 되니까요. 그래서 배가 지나치게 고플 때나 간식을 먹고 싶어 죽을 것 같을 때가 오기 전에, 먹고 싶은 걸 먹기로 했습니다. 그리고 죄책감을 느끼지 않는 연습도 함께 했어요. 먹으면서 느끼는 죄책감에 발레리나라면 이런 모습이어야 한다는 커리어 차원의 기대가 더해지며 제 뇌와 위의 연결이 끊기고 있었고, 저는 그 연결을 회복하고 싶었으니까요. 점차 저는 일반식을 더 자주 먹으면서도 자신을 비난하지 않는 연습을 했어요. 그러자 먹는 것에 대한 집착이 잠잠해졌고 이내 자유를 되찾게 되었습니다.

결국에 저는 제 뇌와 위가 건강한 관계를 맺게 하는 데 성공했습니다. 식사는 죄책감이 아닌 즐거움을 느껴야 하는 대상이잖아요. 이제 저는 이동을 하면서 급히 음식을 먹는 대신, 식사를 할 때마다 테이블 매트를 깔고 음식을 플레이팅합니다. 온전히 경험하고 즐겨야 하는 순간이니까요. 저는 건강한 식품군을 모두 고루 섭취하고, 아, 물론 디저트도 먹습니다. 충분히 여유를 가지고 천천히 먹으면 언제 배가 부른지 알 수 있고, 계속 먹어서 배가 터질 것 같다고 느끼기 전에 포크를 내려놓게 됩니다. 이러한 태도를 갖추는 데는 몇 년이 걸렸습니다. 그리고 그 과정에서 자신을 더 부드럽게 대하는 연습도 필요했습니다.

이제 제 뇌와 위는 다시 연결되었고, 저는 완전히 평온합니다. 예전처럼 음식 때문에 스트레스를 받지 않아요. 친구들과 외식을 하면서도 메뉴에서 적당한 음식을 찾으려 고심하지 않고, 다른 사람들의 시선에 굴하지 않고 식사를 합니다. 배가 고프면 식사가 될 수 있는 음식을 푸짐하게 먹고, 배가 고프지 않으면 샐러드를 고릅니다. 이제 저는 잘 적응했고, 건강하다는 기분을 느껴요.

모든 무용수가 알아야 할 중요한 점 한 가지는, 무용수로 최고의 모습을 보이고 싶다면 신체적으로도 최정점에 있어야 한다는 것이에요. 결국, 군더더기 없는 근육과 체력, 강인함이 있어야 하고, 그러려면 특정한 방식으로 먹고 운동을 하는 것도 물론 필요합니다. 하지만 양방향 모두 한계가 있습니다. 지나치게 적게 먹으면 근긴장도를 유지하기가 어렵고, 공연이나 리허설 아니면 일반 수업시간에서조차 자신을 지탱할 체력이 부족해집니다. 반대로 너무 많이 먹으면 가볍게 뛰기가 어렵고 높은 점프를 할 수 없게 되죠.

저에게 있어 자유로움이란 음식이 저를 통제하지 않게 하는 것입니다. 그 이후 저는 음식을 하나의 의식으로 대했고, 더 이상 음식이란 수치스러운 마음으로 빨리 해치우는 것이 아니라 즐겨야 하는 대상이라고 생각하기 시작했습니다. 죄책감 없이 식사를 즐기려고 하고, 최고의 모습을 위한 선택을 하되 가끔 힐링하는 시간을 가진다면, 여러분과 음식과의 관계가 건강해질 수 있습니다.

다행히도 모든 직업이 특정한 체력 수준을 요하는 것은 아닙니다. 하지만 커리어에서 요구되는 바를 충족하기 위해 어느 정도의 희생은 필요합니다. 작가라면 주말에 집에 남아 글을 써야 하고, 배우라면 배역을 따지 못하더라도 여러 오디션을 다녀야 합니다. 크리에이티브 업계는 아니지만, 경쟁이 심한 업계에 있는 분들이라면 당장 찬사를 받지 못하더라도 시간을 투자해야 해요. 성공이 어떤 사람들에게는 그냥 주어진다고 생각하는 것은 잘못된 신화입니다. 진정으로 성공하고 싶다면 본인이 선택한 분야가 요구하는 일을 책임져야 합니다. 큰 리그에서 뛰고 싶다면, 큰 리그의 현실도 받아들여야 하는 거죠.

저 역시 그런 현실을 피하고 싶던 순간들이 있었습니다. 신체적인 목표를 달성하기 위해 저만큼 노력하지 않아도 되는 사람들을 볼 때 그랬어요. 예를 들어, 발레단의 많은 남자 단원들은 여자 단원들과는 완전히 상반된 목표를 가지고 있습니다. 남자 단원이 여자 단원을 들어올리는 파트너 동작에서 다치지 않으려면, 남자 단원들은 체력이 강하고 근육질이어야 하고 여자 단원들은 가벼워야 합니다. 그렇기 때문에 많은 남자 단원들은 늘 근육을 키우고 체중을 늘리는 게 목적이었습니다. 그러니 눈앞에 있는 건 아무거나 무엇이든지 자유롭게 먹어도 되었어요. 어떤 무용수들은 상당히 많은 시간을 쉬면서 원하는 걸 마음껏 먹은 뒤 복귀하고서도 놀라운 체형을 유지했죠. 하루는 친구들과 외식을 나갔다가 남자 단원들이 너무나도 자유롭게 햄버거, 파스타 등을 시키는 걸 보고 정말 질투가 났던 기억이 납니다. 이 순간 저는 최고의 모습을 위한 노력을 그만하고 싶다고 생각했습니다. 저만 직업이 요구하는 바에 갇혀버린 기분도 들었어요.

하지만 제게 기대되는 바를 제대로 받아들이고, 저에게 주어진 책무를 정면으로 마주하자 오히려 해방감이 찾아왔습니다. 제가 수준 높은 공연을 소화하면서도 그 과정을 머리로만 지나치게 생각하지 않으려면 마치 운동선수처럼 영양을 챙기되 균형 잡힌 식습관을 갖춰야 했습니다. 그렇게 먹는 것에 대해 평온을

제게 기대되는 바를 제대로 받아들이고,
저에게 주어진 책무를 정면으로 마주하자
오히려 해방감이 찾아왔습니다.

찾자, 갑자기 답답함이 훨씬 줄어들었습니다.

또 중요한 점이 있습니다. 주변 사람들의 성공과 재능에 정신을 빼앗겨서는 안 된다는 것이에요. 그렇게 되면 우리가 가진 역량에 집중하기보다 다른 사람들이 가진 것에 신경을 쓰게 되면서 결국 우리 자신을 비하하고 맙니다. 저는 우리가 모두 고유의 잠재력을 가지고 있다고 확신합니다. 우리에게는 모두 저마다의 장점이 있어요. 그리고 그 잠재력을 실현하는 비결은 자신을 다른 이들과 비교하지 않는 것입니다. 여러분이 최대치로 발휘한 잠재력은 여러분 옆에 있는 사람이 최대치로 발휘한 잠재력과 다릅니다. 여러분의 재능과 역량을 받아들이고, 여기에 빛을 쬐어 무럭무럭 자라게 해주어야 해요. 우리가 가지지 못한 것에만 계속 집중하다 보면 우리는 절대 우리가 가진 것을 극대화하지 못할 것입니다. 어쩌면 우리가 해야 하는 것들이 너무도 두려우므로 남들에게만 있는 것에 집중하는 것일 수도 있습니다. 이런 경우라면 자신이 비난을 회피하고 책임을 지지 않으려 하는 중임을 인지해야 해요.

그러고 보니 스쿨오브아메리칸발레학교에서 방을 같이 썼던 두 룸메이트가 생각납니다. 둘 다 금발에 키가 크고 날씬했습니다. 둘 다 저와 매우 친했지만, 사춘기 호르몬 탓에 정신적으로 고군분투하던 시절이었기에 저는 이 둘이 저와 전혀 다른 상황이라는 점을 매번 직시해야만 했습니다. 특히 한 친구는 얇은 뼈

우리가 가지지 못한 것에만 계속 집중하다 보면 우리는
절대 우리가 가진 것을 극대화하지 못할 것입니다.

대와 길쭉한 다리를 가졌기에 원하는 음식을 아무리 먹어도 마치 콩나물처럼 가늘었습니다. 발레리나라면 모두가 탐내는 체형이었죠. 마치 조각을 빚은 듯한 모델 같은 친구들과 함께 있을 때면 작고 통통한 제 몸이 창피하게 느껴지기도 했습니다.

하지만 나중에 알고 보니 제가 그 아이들의 유전적 재능을 부러워한 만큼, 그들도 발레에 특화된 제 면모들을 부러워하고 있었습니다. 저는 작은 키를 활용해 몸의 여러 부분을 더 잘 쓸 수 있었고, 동작도 더 빠르게 할 수 있었거든요. 발레리나로서는 드물게 힘이 있는 무용수이기도 했고요. 제가 가진 강점에 집중하다 보니 자연히 저에게 없는 부분들로 우울감을 느끼는 일이 줄었습니다. 만약 제가 할 수 있는 부분을 자랑스러워하며 자신을 북돋지 않았다면 저는 단연코 중요한 부분에 집중해 목표를 달성하는 데 실패했을 것입니다. 모든 것을 가진 사람은 없습니다. 가지지 못한 것 대신 가진 것에 집중한다면, 우리는 재능을 극대화하고 진정한 성공을 찾을 수 있게 될 것입니다.

아이러니한 점은, 수석 무용수로 진급했던 날 제 몸무게가 2년 전 복도에서 뚱뚱하다는 이야기를 들었을 때의 몸무게와 똑같았다는 것입니다. 저는 그분들이 원하는 모습에 지나치게 치중한 나머지 살을 너무 많이 뺐던 것 같아요. 그 탓에 부상 위험을 겪었고 몇 년간은 얼마나 먹어야 할지를 고심하며 힘든 시간을 보냈습니다. 저는 그 나이대에는 호르몬이 원활히 작동해야 한다고 굳게 믿습니다. 결국, 최종 몸무게가 같았다는 건 당시 제 몸에는 문제가 없었다는 걸 의미합니다. 또 커리어를 쌓아가면서 잔근육들이 많이 생겨났단 뜻이기도 할 테고요.

돌아보면 일찍이 스포츠에 특화된 영양사분을 만나 음식에 대해 건강한 대화를 나눴더라면 좋았겠다고 생각합니다. 그랬다면 사람들이 어린 프로 무용수인 제게 어떤 점을 기대하는지 그리고 이를 어떻게 달성할 수 있는지 훨씬 더 일찍 깨달았을 것 같아요. 다행히 이제는 발레단 내에서도 바로 그런 부분을 도와주는 분들이 계십니다.

저는 제정신으로 그 시간을 통과했단 점에 감사합니다. 제 주변에는 먹는 것과 발레 사이의 정신적 싸움을 견뎌내지 못한 동료들도 있어요. 거식증과 폭식증은 그 자체로 사람들의 신체 건강과 정신 건강을 파괴하는 심각한 정신질환이기도 하지만, 이 업계에서는 성공을 방해하는 요소이기도 합니다. 부상을 입거나 부족한 체력 탓에 무용수로서 해야 하는 것들을 완수하지 못하죠. 자기 자신에게 더 친절하면서, 식사 시간이 하루의 영양분을 채우는 긍정적인 순간이라고 받아들이게 되면, 균형을 찾을 수 있습니다. 그 균형점을 찾는 것이 중요해요.

최고의 모습을 보여주고자 혼이 쏙 빠지도록 열과 성을 다할 필요는 없습니다! 건강하고, 균형 잡힌 방법으로도 최고의 모습을 만들어갈 수 있어요. 자신에게 인간적인 모습을 허락하세요.

목표를 향해 두려운 단계들을 밟아가면서도 자신에게 다정하고 진실한 태도를 보여야 합니다. 건강하고 날씬한 무용수가 되어야 한다는 게 좋은 음식을 먹지 말아야 한다는 뜻일까요? 아닙니다. 그렇게 되면 결국 극단으로 치달아서 지구상의 모든 음식을 다 먹으려 들 테니까요! 그렇다면 행복의 중간 지점을 찾을 수 있을까요? 물론입니다!!! 결국, 정신적으로 균형을 잡아야 합니다. 최고의 모습을 위해 노력하면서도, 가끔 자기 자신에게 좋은 음식을 대접하는 것에 죄책감을 느끼지 않아야 합니다. 이성을 유지하면서도 이상향에 이르기 위해 노력할 수 있습니다. 자신도 그저 사람임을 기억하고, 인간적일 수 있는 여백을 남겨두는 게 중요해요.

# 4장
# 스트레스 관리하기

건강을 위협하는 극심한 스트레스에 어떻게 대처해야 할까?

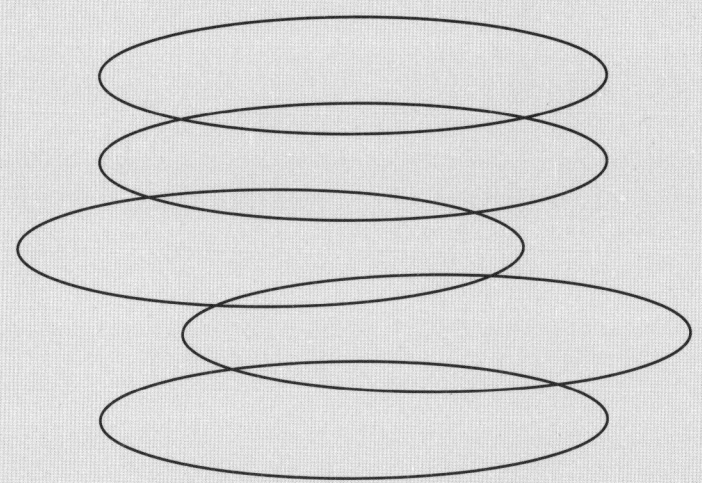

관객의 입장에서 발레 공연은 마음이 편해지는 경험입니다. 좌석을 찾고 앉으면 조명이 어두워지죠. 그러면 지휘자는 오케스트라 피트 위의 단상으로 올라가 고개 숙여 인사합니다. 관객들의 박수를 받은 후 지휘자는 오케스트라를 마주 보고 선 뒤, 한 손으로 그날 저녁 공연의 시작을 알리는 제스처를 시작합니다. 짧은 서곡이 끝나면 막이 오르고 준비 자세를 취하고 있는 무용수들이 모습을 드러내지요. 그 이후는 말하지 않아도 아시죠!

하지만 이 모든 것이 마치 시계처럼 한 치의 오차 없이 이뤄지려면 무대 뒤에서는 가히 놀라운 노력이 필요합니다. 모든 관객이 기다리고 있는 상황에서 막이 오르기 직전 문제가 발생할 때의 스트레스가 어느 정도일지 짐작이 가시나요.

제가 코르드발레였던 어느 날 밤 공연 때의 일입니다. 〈차이콥스키 피아노 협주곡 2번 Tschaikovsky Piano Concerto No. 2〉 공연의 막이 오르기 5분 전, 남자 주인공 역을 맡은 무용수가 공연을 못 하게 되었어요. 그분은 당시 수석 발레 미스트리스였던 로즈마리 던리비 Rosemary Dunleavy에게 가더니 갑자기 종아리 부상을 심하게 입는 바람에 공연을 못 할 것 같다고 말했습니다. 공연 시작까지 남은 5분 이내에 전체 30분짜리 공연에서 남자 주인공 부분을 모두 빼고 새로 동선을 짜야 하는 상황이었으니 다른 사람들이라면 심장마비가 와도 왔겠지만, 로즈마리는 줄곧 침착함을 유지했습니다. 그 공연에 참여하는 다른 스물여덟 명의 무용수를 모두 모으곤, 남자 주인공이 파트너와 함께 추는 부분들은 모두 뺀다고 재빨리 알려주었습니다. 그리고 오케스트라 지휘자를 무대 위로 불러서 악보 중에서 제외해야 하는 부분들도 알려주었어요. 정말 대단했습니다. 부상을 입은 발레리노가 들어가는 모든 부분을 재빨리 수정하고, 대신에 솔리스트 역을 하게 될 여자 무용수가 이를 보완할 수 있는 창의적인 방법을 떠올린 건데, 그러려면 모든 무용수의 안무와 스텝을 완벽히 숙지한 상태여야 합니다. 게다가 그렇게 안무를 수정하고 나서 막이 오르기 단 몇 분 전 모든 단원에게 수정 안무를 알려주어야 하기도 했죠. 그날 밤 그곳에 있었던 코드발레의 일원으로서는 마지막 순간에 그런 변화가 이뤄지는 게 정말 짜릿하고 흥분이 되었습니다. 하지만 만약 제가 단 몇 분 안에 그 모든 걸 정리해야 하는 사람이었다면 얼마나 스트레스를 받았을지 상상도 못 할 것 같아요.

로즈마리가 그렇게 압박이 심한 상황에서 침착함을 유지하는 사람이라는 걸 조지 발란신도 알았던 것 같습니다. 그는 로즈마리에게 그녀가 뉴욕시티발레단에서 발레를 한 지 10년이 지났을 때 풀타임 발레 미스트리스 겸 조수로 일해달라고 요청했다고 합니다. 로즈마리는 그 이후 발레단의 메인 발레 미스트리스로 50년 넘게 일하며 이런 비슷한 상황을 많이 겪어냈고, 항상 이렇게 압박이 심한 상황에서도 완벽히 대처하는 것으로 정평이 나게 되었습니다. 그녀는 절대 패닉에 빠지지 않고 늘 평정심을 유지하면서 문제가 있을 때도 가능한 모든 최선의 솔루션을 생각합니다. 항상 신속히 대응하되, 단단하고 침착한 태도를 유지하면서 순간의 스트레스로 지레 서두르지 않습니다. 모두가 로즈마리의 리더십 덕에 안심할 수 있었어요.

로즈마리가 매번 위기를 넘기는 모습은 늘 놀라웠습니다. 특히나 제가 극심한 스트레스에 시달리며 문제를 겪기 시작하면서는 더욱 그랬죠. 저는 커리어에서 더 많은 책임과 스트레스를 부담하게 되자 이상하게도 종종 기절을 하게 되었습니다.

저는 단원 중 몸이 가벼운 축에 속했습니다. 그래서 쉽게 기절했고, 술을 입에만 대도 쉽게 취했으며 누워 있다가 너무 급하게 일어나면 머리가 띵한 순간들을 겪었어요. 선천적으로 혈압이 낮기도 했으나(아버지도 항상 천천히 일어나셔야 했거든요.), 동시에 일에서 받는 극심한 스트레스가 원인이기도 했습니다. 안 그래도 낮은 혈압에 스트레스가 더해지면 의식을 잃는 수준의 극단적인 상황까지 가는 것이었죠.

20대에 기절할 때만 해도, 바늘 공포증이나 병원 공포증처럼 매번 이유가 있는 것 같았습니다. 그래서 스트레스를 많이 받아서일 것이라 바로 규정짓지는 않았어요. 그저 기절을 야기하는 계기들이 있는 것 같았습니다. 병원에서 진료를 받다가, 침을 맞으러 갔다가, 장염 주사를 맞으러 갔다가, 실수로 손가락을 베었을 때, 그리고 리허설 때 파트너가 저를 떨어뜨려서 바닥에 머리를 세게 부딪혔을 때 기절을 하곤 했어요.

그런데 기절만 하는 건 아니었습니다. 다시 깨어날 때마다 공황장애를 경험했습니다. 기절할 때면 저는 마치 우주의 가장자리에 서 있고 거기서 떨어져 망각의 세계로 빠져버릴 것 같은 느낌을 받았고, 그럴 때면 공포에 시달렸습니다. 현실 세계로 돌아오려 해도 갇힌 느낌이 자꾸만 드는 나머지 목청껏 소리를 계속 질렀습니다.(보는 사람들은 얼마나 재밌었을까요.) 겨우 주변이 보이기 시작하고, 내가 어디 있는지 어떤 일이 있었는지 이해하고 난 뒤에도 소리 지르는 것을 멈추는 데는 시간이 걸렸습니다. 공황장애로 인해 아드레날린이 많이 분비된 상태였기 때문이죠. 어떤 경우에는 이런 경험들이 너무도 혼란스러워서 의식을 되찾고 난 뒤에는 구토를 하기도 했습니다. 기절했을 때 느낀 극심한 공포는 이후 며칠간 저를 괴롭혔고(가장 끔찍한 악몽을 떨쳐낼 수 없다고 생각해보세요.), 기절을 하고 나면 하루 이틀 동안은 에너지가 너무 많이 소진된 나머지 마치 국수처럼 축 늘어져야 했습니다. 그냥 제대로 서 있을 힘도 없는 느낌이었어요.

그중에서도 제 삶의 스트레스를 제가 전혀 통제하지 못한다고 자각했던 순간이 있습니다. 어느 월요일 저녁, 저는 친구들 몇 명과 외식을 하기 위해 그리니치 빌리지에 있는 레스토랑에(아이러니하게도 로즈마리네 Rosemary's라는 이름의 가게였답니다.) 방문했어요. 녹초인 상태였지만 그래도 친한 여자친구들과 여유롭게 근황 이야기를 할 생각에 들떴습니다.

식사가 거의 끝나갈 무렵 화장실에 다녀온 친구가 손가락 하나를 들어 보이며 방금 화장실 문에 실수로 손가락을 찧었다고 말했습니다. 친구가 매우 아파하며 정신이 아득하다고 말했기 때문에 의식을 잃지 않도록 웨이터에게 주스를 부탁했습니다. 다행히도 친구를 안정시킬 수 있었어요. 그 친구는 숨을 깊게 들이마시더니 "와, 진짜 무서웠어. 메건, 너는 매번 이런 아득한 느낌을 어떻게 견디니."라고 말했습니다.

저는 "그러니까. 진짜 최악이지."라고 대답했습니다. 그러고는 레스토랑 바닥에 쓰러졌어요. 지어낸 이야기가 아닙니다, 여러분. 다른 사람의 고통에 공감하다가 진짜로 기절해버린 거예요. 그전까지는 다른 사람이 무서운 경험을 하는 걸 본다고 기절한 적은 없었습니다.

몇 분 뒤 구급대원들의 부축을 받으며 눈을 떴습니다. 여자들끼리 저녁 시간을 가지려다 결국 구급차를 타고 병원에 가서 여러 검사를 받아야 했습니다. 그때까지는 기절하더라도 확실한 이유가 있어서 그렇다며 무시했는데, 이제 확실히 제가 통제할 수 있는 수준을 벗어나기 시작했습니다. 게다가 회복하는 데에도 하루 이틀이 걸렸기 때문에 일하는 데도 방해가 되었습니다. 저는 재발을 방지해야 책임감 있게 일할 수 있다는 생각이 들었습니다. 하지만 제 삶에서 무언가 바꾸긴 해야 했는데, 어디서부터 시작해야 할지 전혀 감을 못 잡는 상황이었어요.

매번 기절할 때마다 병원에 실려 가면, 처음에 의료진은 항상 제가 거식증일 것이라 짐작하곤 했습니다. 발레리나처럼 마른 사람들을 보면 종종 그렇게 생각을 하죠. 그 전날 먹었던 것을 전부 이야기를 하고 나면, "네, 알겠습니다. 거식증은 아닌 것 같네요!"라고 말해요. 그리곤 임신 테스트기를 줍니다. 그것도 아니라고 나오면, 항상 피를 뽑으려 했습니다. 그건 정말 최악이었습니다. 저를 기절하게 만들었던 주요 원인이 바늘 혹은 피에 대한 생각이었기 때문이죠. 그렇게 누워서 겨우 침착하려고 애쓰며 혈액 검사를 무사히 마치고 나서도, 항상 마땅한 결과가 나오지 않았습니다. 종종 의사들은 그저 기분이 나아지도록 제게 링거를 놓아주고는 저를 돌려보냈습니다.

저는 너무 답답한 나머지 도움이 될 만한 것들은 모두 해볼 마음이었습니다. 가능한 모든 문제를 해결하고자 했어요. 먹는 것 때문인가? 체력에 필요한 영양분과 물을 제대로 섭취하고 있나? 저는 영양사를 만나 가능한 모든 해결책을 함께 논의해보기도 했습니다. 예를 들어 혈압을 안정적으로 유지하기 위해 식단에 나트륨을 조금 더한다거나, 마그네슘 섭취를 위해 바나나를 하루에 하나씩 먹는다거나, 혈당이 절대 떨어지지 않도록 건강한 간식을 항상 가지고 다닌다거나 하는 식으로 말이죠.

이렇게 바뀐 식단이 도움이 된 것은 분명하지만, 조금 더 인생을 바꾸어놓을 수 있는 해결책이 필요하단 것도 알고 있었습니다. 갑작스레 기절을 해버리는 상황들이 제 불안을 고조시키고 있었기 때문이죠. 나중에는 공황이 올 것이라는 두려움 자체가 공황을 일으키기도 했습니다. 무언가 때문에 불안해지기 시작하는 순간, 머릿속 생각들이 질주를 시작했습니다. 공공장소에 있을 때도 마찬가지였습니다. 그래서 스스로 "여기서 기절할 순 없어. 정신 차려, 메건!"이라고 말해야 하기도 했습니다. 마음속 깊은 곳에서는 영양분만이 완벽한 해결책이 될 수 없단 것도 알고 있었습니다. 스트레스를 받기 시작할 때 바나나를 먹을 수는 없지 않습니까. 그땐 이미 너무 늦었을 테니까요. 언제든지 스트레스 수치를 줄여주면서 동시에 스트레스 대처 능력을 키울 방법을 찾아야 했습니다. 그래야 더 회복 탄력성을 갖추면서 공황을 막을 수 있을 테니까요.

해결책은 정말 예상하지 못한 곳에서 나왔습니다. 하루는 침착의 여왕인 로즈마리가 제 상황을 도울 계획을 논의하자며 저를 따로 부르셨어요. 제가 기절을 하거나 공황을 겪을 때마다 저를 공연에서 빼고 다른 사람으로 대체해야 했기 때문도 있지만, 제가 이런 상황에 더 잘 대처하도록 도와주고 싶다고 하셨습니다. 그러시면서 초월명상Transcendental Meditation, TM을 권유하셨어요. 본인은 비틀스The Beatles가 초월명상을 유행시킨 70년대부터 명상을 해왔다고 하시면서요. 저도 삼촌 한 분이 초월명상을 하셨던 터라 그 개념을 들어본 적은 있었지만, 업무적으로 정말 신뢰하는 분이 저의 건강을 위해 제안해주시니 더욱 진지하게 받아들일 수 있었습니다. 제가 로즈마리를 신뢰하는 이유 중 하나도 이분이 업무 상황의 스트레스를 잘 다루고 대처하기로 유명한 분이었기 때문이었죠.

로즈마리는 제가 초월명상 수업을 들을 수 있도록 리허설 스케줄을 조정해줬고 저도 근처에서 초월명상 선생님을 찾았습니다. 초월명상이란 애쓰지 않고 생각을 놓는 법을 배우는 체계적인 명상 수련 방법입니다. 생각의 속도를 줄임으로써 스트레스를 해소하고 몸과 마음을 치유하는 것이 핵심이며 명상을 한 뒤에는 명료하게, 의도를 가지고 에너지가 있는 상태에서 하던 일을 다시 이어나갈 수 있습니다. 초월명상에는 신성한 수련이 이루어질 수 있도록 꽃과 과일을 바치는 의식도 포함됩니다. 이상하게 들릴 수 있겠지만, 이 의식은 그 순간을 특별하게 만들어주고 진지하게 수련에 임할 수 있게 준비하는 과정이에요. 이렇게 간단한 의식을 마치고 나면, 선생님께서 각자에게 다른 만트라 mantra*를 주시는데, 이때 각자의 만트라는 자기만 알 수 있게 간직해야 합니다. 그 이후 선생님께선 제게 간단하게 안내를 해주신 후, 20분가량 저를 혼자 방에 두셨어요.

평소라면 20분 동안 조용히 앉아만 있는 것이 불가능했을 것 같아요. 원래 좀이 쑤시는 성격이 아니었지만 그래도 안절부절못했을 것 같아요. 그런데 어쩐 일인지 선생님의 안내와 새로 받은 만트라 덕분에 밖에서 시끄러운 소방차 소리가 집중을 방해하는 상황이었는데도 아무 문제 없이 20분을 보낼 수 있었습니다. 명상을 끝내고 집으로 돌아오던 차 안이 생생하게 기억납니다. 라디오를 틀지도, 차 안의 스피커폰으로 누구와 통화를 하지도 않았습니다. 그저 고요히 운전을 하며 돌아왔고, 만족스러운 기분이 들었습니다. 그날 첫 명상 수업을 듣고 난 이후 누군가와 처음 대화를 하게 되었을 때는 제 마음이 너무 편안해진 상태라 목소리마저 한 톤 낮아진 걸 자각하게 되었습니다.

종종 우리는 스트레스 상황에서 벗어나고 나서야 스트레스를 받고 있었단 걸 인지하는 것 같습니다. 저는 제가 기능할 수 있는 여러 층위가 있고, 명상을 통해 더 차분한 층위로 내려갈 수

---

\* 명상에서 반복적으로 읊조리는 주문

있음을 깨닫곤 새로운 세상이 열리는 걸 느꼈습니다. 제 기절 문제가 이렇게 해결된 걸까요? 효과를 확인하고 싶었습니다. 평소라면 기절을 해버릴 경험을 한 뒤, 그때에도 평정심을 유지하며 그 상황을 극복할 수 있는지 봐야 했습니다.

그래서 하루에 두 번 명상을 해본 뒤, 기다렸습니다. 이 방법이 기절을 예방하는 데 도움을 줄지는 모르지만, 이미 다른 부분에서는 효과가 나타나고 있었습니다. 당시 제 파트너는 제 평소 모습이 극적으로 달라진 것 같다고 말해주었죠. 저는 삶을 더 천천히, 차분하게 대하고 있었습니다. 정작 저는 제가 다르게 행동하고 있다는 것조차 인지하지 못하고 있었지만요.

저는 스트레스와 기절 사태에 대응하기 위해 초월명상을 배웠지만, 그 덕분에 저를 인간적으로 성장시켜주는 기회에도 열린 마음을 가지게 될지는 몰랐습니다. 초월명상을 배우기 전만 해도 저는 제 안전지대 밖의 일들은 수락하지 않았습니다. 그러나 갑자기 새로운 삶의 태도가 생겨나며 새로운 것들을 시도해보고 싶어졌어요. 초월명상을 수련한 지 얼마 되지 않아, 저는 정말 뜬금없이 브로드웨이에서 곧 막을 올릴 공연과 관련된 이메일을 받았습니다. 〈온 더 타운On the Town〉이라는 뮤지컬의 재연으로, 24시간 동안 육지로 휴가를 나온 선원 세 명이 함께 시간을 보낼 여자를 찾는 내용의 공연이었죠. 극 중 미스 턴스타일Miss Turnstiles

역이 아직 캐스팅되지 않은 상태라, 저에게 오디션을 볼 의향이 있는지 물어온 것이었습니다. 이메일을 받은 것 자체는 정말 영광이었지만 저는 제 한계를 알고 있었기 때문에, "제안은 감사하지만 어렵습니다. 저는 가수가 아니라서요."라고 회신했어요.

그러자 캐스팅 디렉터께서는 "아, 메인 보컬 급을 찾는 게 아닙니다. 이 역할 자체가 노래 수업을 받는 역이에요."라고 다시 답을 주셨어요. 그러니까 어차피 노래를 못하는 것도 배역의 일부이니 노래를 정말 잘하진 않아도 된다는 말이었죠. 그때까지도 저는 '이건 내 일이 아닌걸. 나는 발레리나잖아.'라고만 생각했습니다. 브로드웨이에 진출하는 꿈은 한 번도 꾼 적이 없습니다. 한 번도 눈여겨보지 않은 일이었고, 고민을 한다는 것조차 쑥스러웠어요.

그런데 다음 날 아침에 일어나서 명상을 하고 나니까 '잃을 게 뭐야?'라는 생각이 들었습니다. 저는 커리어적으로 새로운 도전을 갈망하는 단계에 와 있었습니다. 이미 기술적인 작품이나 발란신의 작품에서 저는 단골로 지명이 되었지만, 보다 더 창의적인 작품을 올릴 때 저는 한 번도 최종 후보에 오르지 못했어요. 저는 늘 새로운 안무를 배워보고 싶었지만, 매번 리허설 스케줄이 공지되고 제가 뽑히지 않았다는 걸 보며 실망했습니다. 그러다 문득, 이 브로드웨이 공연이 새로운 것을 도전해볼 기회라는 깨달음을 얻었습니다. 비록 제가 생각했던 모양새는 아니었지만요. 브로드웨이 오디션도 보지 않으면서 발레단에 새로 오시는 안무가들과 합을 맞출 기회가 없다고 불평할 수 있을까? 하는 생각이 들면서 마음이 바뀌었고, 캐스팅 디렉터에게 "네, 오디션 보겠습니다!"라고 대답했습니다.

정신을 차려보니, 저는 오디션 자료를 공부하며 미스 턴스타일 역에 맞는 1950년대 옷을 구하는 등의 정신없는 나날들을 보내고 있었습니다. 이후 48시간 동안은 집에서도 내내 오디션 노래를 불렀어요. 배우자 앞에서도 노래를 못 부른다면 모르는 사람들 앞에선 절대 부를 수 없다는 생각이 있었어요. 처음에는 꽤나 별로였습니다. 가끔은 이렇게 제 첫 번째 결혼이 끝나기 시작하는 건가 싶기도 했고요!

오디션 날, 맨해튼 36번가 8번 애비뉴의 펄스튜디오 Pearl Studios 로 들어서며 다른 오디션을 보고 나오는 사람들을 보았습니다. 모두 비슷한 옷을 입고 있어서 갑자기 브로드웨이 공연 오디션 프로그램인 〈스매시 Smash〉 속으로 들어온 느낌이었어요. 마치 유체이탈을 하는 것 같았습니다. 도대체 내가 뭘 하고 있는 거지? 뉴욕시티발레단의 수석 무용수인 제가, 하루 휴가를 내고는 핼러윈 의상을 입은 채 저 자신이 완전히 취약해지는 곳으로 저를 내몬 셈입니다. 이미 달인이 된 전문 분야가 아니라 제가 못 하는 분야를 시도하러 나온 거죠. 참 배짱도 두둑했죠.

벌써 다른 사람들은 각자 배역에서 두 번째 콜백이 마무리된 상황이었습니다. 그러니 저는 제작진이 막판에 떠올린 아이디어였고, 마지막 오디션을 보는 사람 중 한 명이었어요. 그렇기 때문에 오디션장에는 중요한 사람들이 전부 다 와 있었습니다. 심지어 제 신에서 합을 맞추기 위해 남자 주연도 온 상황이었어요. 저는 '와, 대단도 하다. 감독님, 안무가, 캐스팅 디렉터, 제작자만 온 게 아니잖아. 정식 배우 앞에서 바보 되게 생겼는걸!'이라고 생각했던 기억이 납니다,

제일 처음에는 연기를 보는 오디션이었는데, 제 첫 대사가 끝나자 감독님이 큰 소리로 웃으셨습니다! 제가 캐릭터를 묘사하는 방법에 몰입한 것 같기도 하고, 아니면 제 목소리 톤 때문에 웃는 걸 수도 있었죠. 뭐가 됐건 저는 그 덕에 자신감 있게 나아갈 수 있었습니다. 어차피 뮤지컬 코미디였기 때문에 제가 잘하고 있다는 생각이 들었어요. 그 신이 끝나자 노래를 부탁받았고, 긴장한 마음을 숨기려 필사적으로 노력했습니다. 원래는 노래하는 도중에 팔을 머리 위로 번쩍 들 생각이었는데, 막상 그 지점이 오자 팔을 들면 손이 떨리는 게 보일 것 같아서 티가 안 나게끔 팔을 몸쪽으로 당겼습니다. 그렇게 노래를 마무리했는데, 꽤 괜찮았습니다. 목소리가 갈라지거나 수치스러운 실수 없이 제 파트를 마무리했다는 것만으로 기뻤어요.

노래가 끝나자, "좋아요! 이제 춤을 볼까요!" 하는 요청이 있었습니다. 당시 저는 연기와 노래 부분에만 너무 집중한 나머지

제 춤을 보고 싶어 할 거라곤 생각을 못 했어요. 뉴욕시티발레단 수석 무용수라는 타이틀만으로 충분할 것이라 짐작했나 봅니다. 그렇게 갑자기 저는 하루 종일 워밍업도 못한 채 미스 턴스타일의 안무를 뒤늦게 따라 하기 시작했습니다. 춤을 잘 추지 못하는 사람이라면 끔찍했을 테지만, 저는 다행히 제 부분 안무를 얼추 잘 해냈습니다. 안무 자체가 쿠페$^{coupé*}$, 쥬테$^{jeté**}$, 마네쥬$^{manège***}$와 푸에테$^{fouetté****}$ 턴으로 마무리가 되는 것이어서, 워밍업이 제대로 안 된 경우라면 가히 악몽과도 같은 안무라 볼 수 있죠. 멋지게 해낼 수는 있었지만 역시 워밍업 없이 시작한 터라 땀을 한 바가지 쏟아야 했습니다. 1950년대 스타일로 귀엽게 세팅했던 헤어와 메이크업은 이제 저를 물에 빠진 생쥐처럼 보이게 만들었죠.

몇 분 뒤, 제작진은 웃으며 제게 오더니 "이 역할 드리고 싶어요!"라고 했습니다. 저는 그저 안전지대를 벗어나자는 일념으로 오디션을 보러 간 거였습니다. 그렇기에 정말 배역을 딸 수 있을 거라곤 생각도 못 했죠! 감독님은 제게 "브로드웨이 데뷔네요! 신나겠어요!"라고 말했습니다. 제가 오디션을 보러 온 것 자체도

---

\*    발끝을 끌어올리는 동작
\*\*   한 발의 무게를 다른 발로 옮기면서 뛰어오르는 동작
\*\*\*   원을 그리며 무대를 도는 동작
\*\*\*\*  한쪽 다리로 지탱으로 하고 다른 다리를 접었다 폈다 하며 도는 동작

아직 소화하지 못한 상태였단 걸 모르셨을 테죠.

다행히 뉴욕시티발레단에서는 제 선택을 지지해주었어요. 제가 새로운 시도에 신이 났다는 게 티가 났나 봅니다. 브로드웨이 공연이 얼마나 이어질지는 아무도 모르기 때문에, 저는 우선 1~2개월 정도 시간을 가질 생각으로 발레단에 휴직계를 냈습니다. 결국엔 꼬박 1년이 필요했어요. 리허설을 하는 동안, 저는 초월명상을 계속하면서 '잃을 게 뭐야?'라는 마인드를 유지했습니다. 태어나서 처음으로 노래를 부르고 연기를 해야 했는데, 초월명상을 하기 전이었다면 저는 함께 캐스팅된 동료들 앞에서 창피해질 가능성이 있다는 자체만으로도 수치스러웠을 게 분명합니다. 하지만 이제는 이 경험이 오히려 제게 해방감을 선사했습니다. 늘 극한의 스트레스 상황에서 생활하지 않아도 될 때, 새로운 가능성을 열린 마음으로 받아들일 여지가 많단 걸 깨달았기 때문이죠.

브로드웨이 공연을 하던 해의 중반 즈음, 어쩌다 제가 키우던 개에게 손가락을 세게 물리는 바람에 제 대처 능력을 시험하는 순간이 왔습니다. 손가락이 붓고 피가 나자, 저는 본격적으로 패닉 상태에 빠졌습니다. 공황이 올 때면 느끼던 모든 증상이 다시 저를 괴롭히는 기분이 들었습니다. 소리가 아득해지기 시작했고, 현기증이 생기며 정말 더운 느낌이 들었어요. 그즈음의 저는 이미 어지러운 기분이 들 때면 얼른 바닥에 앉아야 기절하더라도 머리를 다치지 않을 수 있다는 것과 체온을 낮게 유지하는 것이 중요하다는 점을 체득한 상태였습니다. 그래서 저는 화장실 바닥으로 기어가 샤워기로 찬물을 틀었습니다. 옷을 입은 채로 샤워부스 바닥에 누워 있으면서 저는 처음으로 본격적인 공황의 순간을 극복하고 있다는 점을 깨달았습니다. 제가 해냈어요. 예전이었다면 공황을 촉발했을 사건을 극복한 것이었습니다.

초월명상은 저를 지탱해주고 지나친 스트레스를 피할 수 있게 해주었지만, 다른 사람들은 다른 방식으로 스트레스를 해소할 수도 있습니다. 제 친한 친구이자 뉴욕시티발레단의 또 다른 수석 무용수인 사라 먼스$^{Sara\ Mearns}$는 최대한 밖에서 그저 혼자만의 시간을 보내는 것만으로 괜찮다고 합니다. 또 몸 안의 긴장을 모두 풀어낼 수 있게 한껏 울기도 한답니다. 요리나 청소를 선호하는 친구도 있습니다. 어떤 방식이건, 인생의 소음으로부터 멀어질 수 있는 고요한 시간을 가지는 것이 중요합니다. 여러분의 마음을 차분히 하고, 생각을 그만두고, 멀리서 바라볼 수 있는 시간을 갖는 것이죠. 눈앞의 문제나 과제로부터 정신적인 거리를 두는 것이 핵심입니다.

저는 스트레스를 받는 상태가 절벽 근처에서 억지로 하이킹을 해야 하는 상황과 비슷하다고 생각해요. 그 상황에 놓이게 되면 전혀 선택지가 없는 것만 같죠. 왼쪽에는 거대한 벽이 있고, 바로 어떤 방식이건, 인생의 소음으로부터 멀어질 수 있는 고요한 시간을 가지는 것이 중요합니다. 여러분의 마음을 차분히 하고, 생각을 그만두고, 멀리서 바라볼 수 있는 시간을 갖는 것이죠. 눈앞의 문제나 과제로부터 정신적인 거리를 두는 것이 핵심입니다.

한 발 옆 오른쪽으로는 자유낙하를 하게 될 것만 같은 낭떠러지가 있습니다. 절벽에 아슬아슬하게 매달려 있는 느낌이 들겠죠. 이때 우리 몸을 낭떠러지로부터 멀어질 수 있게 하는 무언가가 필요합니다. 길을 조금 넓히고, 우리를 낭떠러지로 더욱 내몰고 있는 벽을 없앨 무언가요.

명상을 할 때면 벽이 사라지고 대신 저와 절벽 사이에 아주 크고 아름다운 평원이 펼쳐지는 느낌이 듭니다. 제 앞뒤 양옆 모두 공간이 있기에 저는 편하게 숨을 쉴 수 있고 안전한 기분이 들어요. 아직 멀리서나마 절벽의 끝자락을 볼 수 있기 때문에 위험이 사라진 것은 아닙니다. 하지만 어찌할 바를 모를 정도로 가까이 있는 것은 또 아니에요. 즉, 저는 명상을 통해서 저를 절벽 끝에서 멀어지게 할 충분한 정신적인 공간을 얻게 됩니다. 이렇게 새로운 관점을 갖게 되면, 절벽 끝에서 허우적댈 때의 제 사고방식의 폭이 얼마나 좁았는지도 깨닫게 돼요. 이렇듯 문득 안전하고 평온한 마음이 들게 해주는 도구는 우리 모두에게 필요합니다. 그 도구가 무엇인지는 중요하지 않아요. 하지만 최대한 빨리 여러분에게 맞는 도구를 찾는 것이 중요합니다. 못 찾겠다 하시는 분들께는 명상을 추천해드리고 싶어요.

그리고 스트레스를 받고 공황 상태를 겪는 건 자연스러운 일이라는 것을 기억해야 합니다. 이런 감정을 전혀 안 느끼는 것이 목표가 아니에요. 대신 이런 감정이 우리의 삶을 지배하거나 우리를 정의하지 않게끔 대처 방법을 찾는 것이 중요합니다. 사실 스트레스 자체가 문제는 아니거든요. 스트레스를 받을 땐 종종 어떤 문제와 너무 붙어 있게 되는 나머지, 그 문제를 어떻게 해결해야 할지 모른다는 것이 문제죠.

우리 모두에게는 각기 감당할 수 있는 스트레스 수준이 정해져 있습니다. 각자 감당할 수 있는 한계선에 다다르게 되면 우리 몸이 개입해 우리를 구해주게 되는데, 그 방법은 사람마다 다릅니다. 제 몸이 선택한 방식은 기절이었습니다. 처음에 제가 초월명상을 배웠던 것은 제 스트레스 수준을 한두 단계 낮춰보자는 취지에서였습니다. 그러면 매번 아슬아슬하게 한계선에 있지 않아도 되니, 기절이나 공황을 유발하는 상황이 발생해 스트레스 수치가 올라간다고 하더라도 여전히 안전 범위 내에 있을 수 있지요. 인생에서 그런 상황들을 완전히 회피하거나 통제할 수는 없다는 것을 알고 있었습니다. 하지만 평상시 스트레스 수준이 이미 너무 높으면 그런 상황에서 스트레스가 한계치를 넘어서게 될 테니 이를 방지하는 것이 목적이었죠.

결과적으로 초월명상에는 제 스트레스 수준을 극적으로 감소시켜주는 것 말고도 다른 이점이 있었습니다. 평소라면 거절했을 기회들을 받아들일 수 있게 제 마음을 열어준 것이죠. 초월명상 덕분에 저는 브로드웨이 무대에 설 수 있는 기회를 받아들였습니다. 그 덕에 돌아보면 제 남은 인생을 송두리째 바꾼 한 해를 경험할 수 있었죠. 또 제 삶을 개선해준 다른 변화들에 대해서도 초월명상이 없었다면 제가 상상할 수조차 없던 방식의 열린 태도를 보일 수 없었을 것입니다. 명상은 제가 가능하다고 생각조차 못 했던 존재 방식을 열어 보여주었습니다. 그 덕에 저는 제 감정을 관리하고 극한의 공포를 극복할 수 있었죠.

# 5장
# 피드백 다루기

어떻게 하면 부정적인 피드백에 상처받지 않을까?

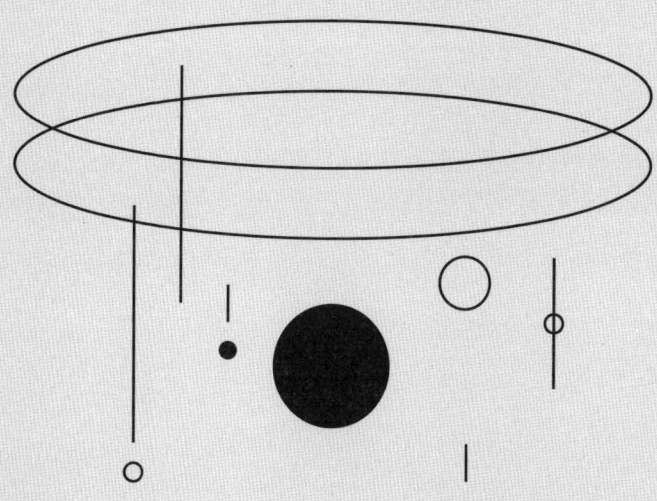

제 춤에 대한 첫 리뷰를 봤을 때가 생각납니다. 저는 당시 뉴욕시티발레단에 연수생으로 막 들어왔을 때였고, 처음으로 〈호두까기 인형〉에서 '눈과 스페인Snow and Spanish 춤'을 몇 번 추었어요. 친구 몇 명이 발레 사이트 하나를 보여주었는데, 앞으로 제 춤을 더 많이 봤으면 좋겠다는 내용의 리뷰가 있었습니다. 누군가 저를 좋게 평가한 거죠. 당시 친구들 앞에서는 별일 아닌 양 그저 웃어넘겼지만, 속으로는 영광스러운 마음이 가득했어요. 나를 알지도 못하는 사람이 그 많은 코르드발레 중에서도 나를 눈여겨보고 내 춤을 좋아한다고 하다니! 그 리뷰는 정말 제 자신감을 충전시켜주었고, 그로 인한 성취감 덕분에 저는 그 이후 〈호두까기 인형〉 공연들도 잘 해낼 수 있었습니다.

하지만 당시에는 몰랐지만, 곧 뼈아프게 깨닫게 된 점이 있습니다. 긍정적인 리뷰에 신경을 쓰는 순간, 부정적인 리뷰에도 같은 중요도와 무게를 싣게 된다는 것이죠. 그리고 부정적인 리뷰는 있기 마련입니다.

2년 뒤, 저는 열아홉 살이라는 아주 어린 나이에 솔리스트로 진급했습니다. 그러자 그때 그 사이트에 제가 진급할 자격이 없다는 글이 몇 개 올라왔습니다. 저보다 진급할 자격이 많은 다른 무용수들이 있다는 것이었죠. 저도 제 진급이 이르다는 것에는 동의했지만, 이미 다른 수석 무용수들이 모두 부상을 당했던 그해 여름에 전막 발레에서 주연으로서 저를 증명해 보인 바가 있었습니다. 이런 글들을 읽으며, 저는 다른 무용수들을 배제하면서까지 특정 무용수들을 응원하는 사람들이 있다는 사실을 순간 자각했습니다. 마치 제가 동료들과 싸워야 하는 상황처럼 느껴졌어요. 저는 제 진급에 대해 방어적인 태도를 취하게 되었고, 인터넷상의 모르는 사람들에게 저를 증명해 보여야 한다는 부담을 느끼게 되었습니다.

그로부터 1년 뒤, 저는 다시 진급했습니다. 스무 살에 수석 무용수가 된 것이죠. 이제 제 공연을 보러 오시는 분들은 수석 무용수에 걸맞은 공연을 기대하겠죠. 무용수가 이른 진급을 하게 되면 힘듭니다. 코르드발레일 때야 특별한 배역을 맡으면 관객들이 언더독을 보듯 여러분을 응원하죠. 하지만 빨리 진급을 하게 되면 관객의 기대치는 올라갑니다. 그러고는 이렇게 생각하죠. '그래, 얼마나 잘하나 한번 보자고…….' 저는 달시 키스틀러Darci Kistler와 키라 니콜스Kyra Nichols와 같은 전설적인 발레리나들이 은퇴를 앞두고 있는 시점에 수석 무용수를 맡게 되었습니다. 이분들과 같은 수준으로 공연해야 한다는 사실은 정말이지 비현

실적인 데다 스트레스였어요. 저는 발레단에 겨우 3년 전에 입단했다고요!

진급하고 얼마 뒤, 저는 파트너인 호아킨과 바로 다음 달에 발란신의 〈주제와 변주Theme and Variations〉 공연의 주연을 맡게 되었습니다. 발란신의 발레를 잘 모르는 분들께 설명하자면, 〈주제와 변주〉의 여자 주인공은 최고 난도 기술을 최고 속도로 해내야 하는, 그야말로 놀라운 성과를 보여야 해요. 그 어떤 오차도 허용되지 않습니다. 첫 번째 변주에서 여자 주인공은 무대 중앙의 한 선을 따라 위아래로만 춤을 추어야 합니다. 한 번이라도 무게를 잘못 싣는 날엔 스텝이 해당 선을 벗어나게 되고, 그렇게 되면 양쪽에 있는 코르드발레와 부딪히거나, 관객들이 보기에 대칭의 미가 사라지게 됩니다. 게다가 첫 번째 변주가 시작되고 나면 숨을 돌리거나 다시 균형을 잡을 수 있는 순간이 전혀 없습니다. 매 스텝은 바로 그다음 스텝으로 이어지죠. 발란신의 대표적인 기법입니다. 일반적으로 다른 고전발레 안무에서는 큰 동작들과 연결될 수 있도록 하는 스텝이 한두 개 정도 포함되어 있습니다. 하지만 발란신은 그런 추가 스텝들을 모두 걷어내고 큰 동작 하나가 다른 큰 동작으로 바로 이어질 수 있도록 안무를 만들었기에 저희도 그에 따라 훈련을 해야 했죠. 그 말인즉, 한 스텝의 착지가 곧바로 이어지는 다음 스텝의 준비 단계가 된다는 것입니다. 그러니 착지를 잘못하면 다음 스텝도 잘못 시작하게 되는 것이죠. 그렇기 때문에 한 스텝에서 약간만 어긋나더라도 변주는 처참한 결과로 마무리되는 것입니다.

두 번째 변주도 마찬가지로 빠르고 기술적으로 어려운데, 특히나 무대의 제일 앞부분에서 복잡한 턴을 여러 번 하는 것으로 마무리가 됩니다. 무대 가장 앞부분은 턴을 하기가 가장 어렵기로 악명이 난 곳이에요. 바로 아래 오케스트라 피트가 있다는 것도 생생히 인지되는 데다, 조명도 훨씬 밝고 정신 사납습니다. 그렇기에 이런 장애물에서 벗어나려고 본능적으로 몸을 젖히고 뒤로 빼게 되죠. 게다가 변주 마지막 부분에서 파드되가 시작되기도 합니다. 두 번째 변주까지 잘 마무리되었다면 파드되는 수월할 거예요. 하지만 만약 마무리가 제대로 안 되었다면, 안 그래도 길고 어려운 파드되를 하면서 방금 그 실망스러웠던 변주를 계속 떠올리게 됩니다.

그야말로 제게 주어진 가장 난도 높은 스텝들이었습니다. 그런 데다 이 공연은 우아하고 고전적인 튀튀와 티아라와 샹들리에까지 더해진 전설적인 공연이었기 때문에 스텝을 배우고 마스터하는 것과 더불어 저는 한순간에 무대를 장악하는 존재감까지 갖춰야 했습니다. 저희 레퍼토리에서 가장 궁극의, 가장 복잡한 디바 역할을 해내야 했는데, 저는 스무 살이었고 그 누구의 디바도 아니었습니다. 저는 순진했고, 아직 유타주에서 온 티를 벗지 못했어요. 경험이 풍부한 예술가들은 무대에 오르는 순간 관객을 자석처럼 끌어당기지만, 저는 아직 "어디 나를 안 보기만 해 봐."라고 할 만큼의 존재감은 뿜지 못하고 있었습니다.

그때까지 짧은 커리어를 쌓아오는 대부분의 기간 동안, 새로운 공연이나 스트레스를 받을 수 있는 공연에 캐스팅이 될 때마다 저는 자신에게 "뭐 그래도 〈주제와 변주〉는 아니니까."라고 말하곤 했었습니다. 그런데 이제는 정말로 〈주제와 변주〉를 공연해야 하는 거니 그 전략은 효과를 볼 수 없었죠. 거대한 두려움이 몰려왔습니다. 이번에는 도대체 어떤 말로 저를 설득하며 이 스트레스를 극복해야 할까요?

리허설 과정에서도 패배감에 휩싸였습니다. 저는 첫 공연이 있기 2주 전까지 매번 리허설을 하고 나면 의상실에서 울곤 했습니다. 흐느꼈어요. 우선 신체적으로도 몸을 한계까지 밀어붙이는 바람에 고생했습니다. 그때까지만 하더라도 아직 매일 어려운 동작을 해낼 수 있도록 제대로 몸을 유지하는 법을 발견하지 못했습니다. 계속 허벅지 안쪽 근육에 좌상을 입었고, 과식했다가 식사량을 줄였다 하는 사이클에 갇혀 있었기에 더더욱 리허설이 쉽지 않았죠. 제 몸에 자신감이 없었고, 많은 리허설을 하는 동안 제 체형이 공연에 적합하지 않다고 느꼈습니다.

경험으로 보나 뭐로 보나 이렇게 말도 안 되는 역할을 왜 제게 주신 걸까요? 도무지 이해할 수가 없었어요. 제가 이 역할을 할 수 있다고 보신 상사들을 믿을 수가 없었습니다. 반면 호아킨은 제대로 신이 나 있었습니다. 저보다 8년 선배인 호아킨은 이 순간을 대비했고, 일분일초를 온전히 받아들이고 있었죠. 호아킨의 열정은 제 기분을 더욱 다운시켰습니다. 하루는 워싱턴 DC에서 한 첫 공연이 끝나고 수업을 마친 뒤 바닥에 앉아 발레 슈즈를 고쳐 매고 있었습니다. 호아킨은 한껏 흥이 난 채로 저에게 와서 "기분 어때?!"라고 물었습니다. 저는 제가 얼마나 긴장했는지 울면서 다 털어놓을까도 생각했습니다. 하지만 이내 입가에 미소를 띤 채 말도 안 되는 대답을 건넸죠. "정말 좋아요!" 저를 감싸고 있는 불안, 두려움, 스트레스 때문에 저는 정말이지 혼자라고 느꼈습니다.

결과적으로 공연은 잘 마무리되었습니다. 피루엣pirouette*으로 착지해야 하는 몇몇 부분들에서 두 번 뛰긴 했지만, 정말 솔직히 말하면 첫 공연의 기억은 아예 뿌옇습니다. 어머니께서는 제가 발레리나로서 자신감이 부족해 보인다며 발레단의 다른 사람을 따라해보는 것이 어떠냐고 제안하셨어요. 저는 미란다 베제Miranda Weese라는 멋진 발레리나를 존경하고 있었기 때문에, 스스로 메건이 아닌 미란다인 척 무대를 누비며 많은 공연을 했습니다.

투어가 끝나자 저는 소진되었고, 고생한 저에게 선물을 주고자 수석 무용수로 진급하면서 받은 월급을 뉴욕주 북부 지역의

---

\* 발레에서 한 발을 축으로 회전하는 동작

요가 수련원에 쓰기로 결정했습니다. 그렇게 저는 저보다 열다섯 살에서 스무 살 정도 많은 여성에게 둘러싸여 일주일을 보냈습니다. 중년의 위기를 겪고 있는 분부터 이혼을 극복하려는 분, 아니면 그저 친구와 여유로운 일주일을 보내고 싶은 분까지 각양각색의 이유로 한곳에 모였어요. 그때 친해진 중년 언니들 두 분을 잊을 수가 없습니다. 그 언니들은 수련원의 악동이었어요. 숙소에 와인과 TV를 몰래 들여왔답니다. 그분들이 제게 수련원에는 왜 왔냐고 물었을 때 "승진을 해서요."라고 마치 진급이 나쁜 일인 양 대답했는데 이게 어찌나 웃기던지요. 이제껏 저는 늘 진급이 어떻게 제 삶에 스트레스를 더하며 책임감 때문에 얼마나 어깨가 무거운지를 설명하는 데 급급했습니다. 그런데 정말로 심각한 삶의 문제를 겪어내는 사람들 속에 있다 보니 제 문제를 새로운 관점으로 볼 수 있게 되었습니다. 제가 처한 상황의 밝은 점을 바라보기 시작했고, 늦었지만 저에게 잘했다고 등을 토닥여주게 되었어요.

저는 한결 가벼워진 마음으로 뉴욕시로 돌아왔습니다. 어렵고 새로운 이 일을 마주할 준비가 된 상태였죠. 그 이후 몇 년간 저는 계속해서 같은 발레 공연으로 시험대에 올랐습니다. 갈수록 조금 더 일관된 테크닉을 선보일 수 있었고, 덕분에 갈수록 조금씩 자신감을 얻었습니다. 기술적인 면이 쉬워지자 예술적인 측면에서도 조금 더 여유로워졌고, 마침내 제 안의 발레리나를 완전히 포용할 수 있게 되었습니다.

어느 겨울 시즌 끝자락 무렵의 공연이 특히 기억납니다. 저는 제 무대가 너무나 자랑스러웠고, 제가 할 수 있는 모든 기량을 그 무대에서 펼쳐 보였다고 진심으로 생각했어요. 정말 자신 있었던 공연이었기 때문에, '평론가들도 분명 알아챘을 거야.' 하고 은근 기대했습니다. 그래서 다음 날 아침, 저는 《뉴욕타임스》에서 제 공연 리뷰를 찾아보았습니다.

당시 《뉴욕타임스》에서는 알라스테어 매컬레이Alastair Macaulay라는 수석 무용평론가를 새로 기용했습니다. 발레라는 예술형식의 역사에 대해 놀랍도록 풍부한 지식을 갖춘 분이었어요. 그분의 평론을 읽을 때마다 저는 매번 발레의 배경에 대한 새로운 지식을 얻게 되었습니다. 하지만 한편으로는 무용수들을 가차 없이 평가하고 비판하기를 좋아하는 분이기도 했습니다. 일부 무용수는 애정하는 반면, 다른 무용수들은 정말 좋아하지 않는다는 점이 확연히 드러났죠. 어떤 무용수들은 어떤 잘못도 하지 않는 것처럼 묘사하는 반면, 나머지는 어떤 노력을 기울여도 절대 그분의 기대치에 달할 수 없는 느낌이었어요. 저는 후자에 속했습니다. 저 혼자 그런 것이 아니었어요. 당시 그분은 저희 대부분에게 냉혹했습니다.

그때 리뷰를 찾아보기로 한 것은 큰 실수였습니다. 시즌 전반을 결산하는 리뷰였는데, 저에 대해 끔찍한 말을 쓰진 않았지만 좋은 말도 하지 않았어요. 당시 저를 보고 마치 솜사탕처럼 너무 달콤하다고 했습니다. (어휘력을 높이고 싶으시다면 발레 평론을 한번 읽어보세요! 저도 처음에 평론을 보고 나면 그래서 잘했다는 건지 아니라는 건지 종종 헷갈렸습니다. 저를 묘사한 단어를 사전에서 찾아봐야 했어요.) 하지만 저는 디바이므로 '솜사탕' 같아서는 안 되었죠.

그때가 월요일 아침이었습니다. 지난하고 고된 시즌이 끝난 뒤 첫날이었어요. 저는 지난 두어 달 동안 일에 쏟아부었던 제 에너지와 노력이 완전히 물거품이 된 느낌을 받았습니다. 부정적인 리뷰는 그 평론 하나만으로 충분했습니다. 가끔 완전히 최선을 다해 춤을 추지 않은 경우에는 안 좋은 리뷰를 봐도 별로 충격받지 않습니다. 하지만 이보다 더 최선을 다할 순 없었다, 내가 이렇게까지 발전했다니 하며 스스로 정말 자랑스러워하고 있는데 안 좋은 리뷰를 보게 되면 도대체 언제까지 긍정적인 태도를 유지할 수 있을까 진지하게 고민하게 됩니다. 심지어 더는 춤을 추고 싶지 않다는 생각도 들었습니다. 매일 그렇게 노력하는데도 결국 인정받지 못한다면 그게 다 무슨 소용일까요?

라이브 공연은 종종 두렵지만 한편으로는 누구도 방금 본 것을 되감기를 해서 다른 사람에게 보여줄 수 없기에 안심이 됩니다. 순식간에 지나가버리기에 무언가 잘못되더라도 누가 다시 돌려보며 비평할 수는 없죠. 하지만 인터넷의 등장으로 리뷰는 평생 남습니다. 여러분을 따라오는 것이죠. 저는 왜 하필 제가 수석 무용수로 있는 이때, 누가 봐도 제 팬이 아닌 이 괴팍한 영국 아저씨가 평론가인가 묻고 또 물었습니다. 《뉴욕타임스》의 과거 무용평론가들은 훨씬 덜 부정적이었습니다. "좋은 말을 할 것이 아니라면 아무 말도 하지 말자."와 같은 원칙이 있는 것 같았어요. 하지만 알라스테어는 고약하고 고통스러운 리뷰를 남겼고, 저는 비참했습니다. 도저히 지난 공연에서 한 것 이상으로는 못할 것 같은데. 모든 사람이 평생 보게끔 평론을 박제시킬 이 사람을 여전히 만족시킬 수 없었다는 생각이 들었습니다. 혹시나 유타주에서 저와 알고 지내던 사람들이 제 근황을 궁금해한 나머지 무용 관련 평론을 찾다가 이 글을 보진 않을까 걱정되었습니다. 전국적으로 그런 비판이 실린다는 것은 정말이지 수치스러운 일이었어요.

도저히 안 되겠다는 생각에 저는 이제 리뷰에 그만 집착하기로 마음먹었습니다. 하지만 그 전에 정말 고쳐야 할 게 있는지 밝히고 싶었습니다. 그래서 제 상사인 피터 마틴스와 미팅을 잡았습니다. 그는 25년간 발레단을 이끈 전문가이자 저처럼 성취로 고민하는 발레리나를 수없이 봐온 분이었기 때문입니다. 게다가 제 잠재력을 믿고 제 생각보다 빨리 저를 앞으로 밀어주신 분이기도 하죠. 그 결과 저는 의심의 순간에도 힘을 내서 앞으로 나아갈 수 있었습니다. '내가 모르는 뭔가가 있겠지. 그러니 나를 믿어주시는 게 아니겠어?'라고 생각하면서요.

미팅 당일 저는 이렇게 말했습니다. "아실지 모르겠지만 저한테 끔찍한 리뷰가 달리고 있습니다. 요즘 좋은 리뷰를 접하지 못해서 제가 감당할 수 없는 수준까지 온 것 같아요. 리뷰 때문에 춤을 그만두고 싶을 지경이었어요. 하지만 제가 진짜 원하는 건 그게 아니니 앞으로 리뷰는 그만 읽기로 마음먹었어요. 그래야만 제가 사랑하는 발레를 계속할 수 있을 것 같아요. 그런데 그렇게 블라인드를 치고 저에게만 집중하기 전에 선생님께 이 리뷰가 사실이 아니라는 이야기를 듣는 게 중요할 것 같습니다. 제가 놓치고 있는 게 있을까요? 뭘 더 개선해야 할까요?"

저는 정말로 피터의 사실적인 피드백과 제안 내용을 따를 준비가 되어 있었습니다. 저는 이분을 신뢰했기에 장단점을 포함해 무엇이든 듣고 노력할 준비가 되어 있었습니다.

그러자 결코 잊을 수 없는 답변이 돌아왔습니다. "아무것도 바꾸지 마세요!" 충격적이었죠. 그러면서 본인도 새로운 발레 공연에 대해서는 항상 나쁜 평론을 받는다며, 그런 것에 집중하게 되면 본인도 역시 비참해질 것이라 덧붙이셨습니다. 그러시며 이렇게 말씀하셨어요. "중요한 건 우리 내부에 있는 사람들이에요. 발레 마스터, 파트너, 감독님이요. 우리는 메건이 얼마나 열심히 노력하고 있는지 알고 있습니다. 우리는 과정에 집중하려고 이곳에 있는 거예요. 그 사람은 외부에 있으니 메건이 어떤 것을 감당해야 하는지, 성장하기 위해 어떤 노력을 하고 있는지 전혀 알 수 없죠. 그 사람에게 집중한다면 절대 행복해지지 못할 겁니다."

엄청난 안도감이 저를 휘감았습니다. 그의 말이 맞았어요. 제가 잘하고 있는지 아닌지 결정할 권리를 왜 이 사람한테 전부 주고 있었죠? 그 사람은 그 공연에 온 2,500명의 관객 중 한 명에 불과한걸요. 물론 《뉴욕타임스》의 수석 무용평론가이긴 했지만, 저는 관객 한 사람 한 사람을 위해 춤을 추고 있던 것 아닌가요? 어느 순간부터 한 번도 만나본 적 없는 이 한 사람을 만족시키기 위해 춤을 추는 게 되어버렸습니다. 그 사람의 인정을 받는 것에 집착했지만, 이제는 앞으로 나아가야 할 때였습니다.

그래서 저는 블라인드를 치기로 마음먹었습니다. 정말로 머릿속으로 블라인드가 있는 마구를 찬 말을 상상했어요. 온라인상에서 인정을 받기 위해 에너지를 쏟는 것이 아니라 눈앞에만 집중하는 모습을 상상해야 했습니다. 제 주변 시야에 있는 것들에 정신을 빼앗기며 시간을 낭비하다 보면 정말 가야 할 방향으로 나아갈 수 없기 때문입니다. "요가 매트에만 눈을 집중하세요."라고 말하던 제 테라피스트의 말을 떠올리며, 그 이미지도 상기하면서 집중을 하곤 했습니다.

여기서 상사의 피드백과 외부인의 피드백 사이에는 큰 차이가 있다는 점을 짚고 넘어가고 싶습니다. 평론가들의 의견이야 무시하는 법을 배울 수 있겠지만, 제게 피터의 피드백을 듣는 것은 중요했습니다. 대개 상사나 선생님이 피드백을 줄 때는 좋은 소식이 아닌 경우가 많습니다. 이런 때에도 경청하며 열린 마음을 가지되, 비판이 우리를 삼키지 않도록 해야 합니다. 자신에게 물어보세요. "이 쓴소리가 내 잠재력을 최대로 끌어내도록 돕는 건설적인 비평인가? 혹은 내가 통제할 수 없고 바꿔선 안 되는 것을 비판한 것인가?"하고요. 스스로 자신의 가치를 알고, 자신이 얼마만큼의 노력을 쏟았는지 기억해야 합니다. 건설적인 비평이라면 권위자에게 듣는 쓴소리는 오히려 도움이 됩니다. 좋은 상사가 주는 비평에는 여러분을 개선시킬 좋은 정보가 담겨 있으니까요. 그러니 이는 고무적인 일입니다. 이들이 여러분의 잠재력을 신뢰한다는 증거이니까요.

이 피드백을 어떤 방식으로 수용해야 할지 모르겠다면 가만히 있지 말고 구체적인 내용을 물어보세요. 말씀하신 내용을 현실에 옮기려면 어떤 단계를 밟으면 좋겠습니까? 어떻게 스텝을 밟아야 할지 조언해주실 수 있을까요? 답변을 듣지 못했다면 동경하는 동료나 대답을 줄 수 있는 다른 사람을 찾아가야 합니다. 모든 사람이 항상 옳을 수는 없어요. 잘못된 경로를 수정하려 하지 않고 방어적 태도만 취한다면 절대 본인의 잠재력을 실현할 수 없을 것입니다.

가끔은 선배나 상사가 틀린 제안을 건네기도 합니다. 여러분에게 어떤 개선이 필요한지 정확히 모르니까요. 이런 경우라면 조언을 걸러서 듣고, 한발 물러서서 스스로 문제를 분석하는 것이 중요합니다. 우리 자신을 가장 잘 아는 것은 우리여야겠지만, 동시에 우리가 중시하는 분들이 의견을 주시면 열린 태도를 가지고 변화해야 합니다. 수년 동안 일부 발레 마스터는 제게 같은 점을 반복해서 지적해주셨습니다. 그분들이 말씀하시는 걸 반영한 다음에도 만족하지 못하셨죠. 그러다 다른 분이 같은 점을 다른 방식으로 지적해주시고서야 무엇을 고쳐야 하는지 이해하게 되었습니다. 상사나 선배가 여러분에게 어떤 점이 바뀌어야 하는지를 잘못 조언해줄 수도 있지만, 어쨌든 무엇인가가 바뀌어야 한다는 사실에 대해서는 열린 마음을 가지고 있어야 할 것입니다.

《뉴욕타임스》에 올라온 제 리뷰를 무시하기란 생각보다 쉽지 않습니다. 가끔은 그렇게 안 좋은 리뷰를 받아 속상하겠다며 친구들이 전화하거나 문자메시지를 보내기도 하죠. 이럴 땐 답답하기도 합니다. 물론 제가 힘든 시기를 보내고 있다고 생각해 진심 어린 응원을 보내주는 건 이해합니다. 그러나 결국 저는 알고 싶지 않은 소식을 들을 수밖에 없습니다. 그냥 모르는 것이 더 나았을 텐데요! 저는 제 삶에 있는 모든 이에게 저처럼 리뷰를 아예 무시하거나, 아니면 적어도 저에게는 알려주지 않도록 훈련을 시켜야 했습니다. 한 팬에게서 팬레터를 받기도 했습니다. 퀸즈 지역에 사는 여성이었는데, 좋은 마음에서 전해주신 것이

건설적인 비평이라면 권위자에게 듣는 쓴소리는
오히려 도움이 됩니다. 이들이 여러분의 잠재력을
신뢰한다는 증거니까요!
우리 자신을 가장 잘 아는 것은 우리여야겠지만,
동시에 우리가 중시하는 분들이 의견을 주시면
열린 태도를 가지고 변화해야 합니다.

기도 하고 저도 그런 응원을 받으니 기분이 좋아 이분의 편지는 고이 간직해두었습니다. 그래도 그분의 편지나 친구들의 전화와 문자를 받은 뒤에도 리뷰를 실제로 읽지는 않았어요. 리뷰를 다 뤘다 싶으면 그 내용이 좋든 나쁘든 간에 손으로 눈을 가리다시 피 하며 띄엄띄엄 읽었습니다.

처음에는 평론을 아예 안 보는 것이 무서웠습니다. 알라스테어 매컬레이나 다른 사람들이 제 춤을 어떻게 보는지 신경 쓰였기 때문이죠. 어떤 평가가 나올지 몰랐기에 저는 당연히 … 최악을 상상했습니다! 완벽주의자들이 늘 그러듯이요! 하지만 마침내 신경 안 쓰기 달인이 되었습니다. 게다가 저도 엔터테인먼트 업계의 한 사람으로서, 평론가나 리뷰어들도 나름의 방식으로 이 업계에 종사하는 중임을 이해해야 하겠다고 생각하자, 소음에 귀 기울이지 않겠다는 마음이 더 강해졌습니다. 이 사람들의 가장 큰 책무는 신문 판매 부수를 올리는 것이지만, 저는 이 사람들의 일에 동조할 생각이 전혀 없었습니다. 추구하는 바가 각자 다름을 깨닫게 된 것입니다. 평론가로서의 이들의 직업과 무용수로서 저의 직업을 분리하자, 이들의 일을 존중할 수 있게 되었습니다.

시간이 지나며 저는 전보다 노련하게 배역을 소화했고 더 나은 리뷰를 받았습니다. 저는 리뷰를 보지 않았으니, 다른 사람들 말로는 그렇다고 하더라고요. 처음에는 어떤 리뷰에도 전혀 신경 쓰지 않는 것에 집중한 탓에 좋은 리뷰를 받았다는 말을 들었을 때도 마치 나쁜 리뷰를 받은 것처럼 반응하곤 했었어요. 웃기지요. 좋은 소식을 듣고서도 귀를 닫으려 했으니 말이에요. 하지만 나중에는 우아하게 반응하는 법을 배웠습니다. "감사합니다. 그런데 저는 리뷰를 안 읽어서요. 좋은 리뷰에 신경 쓰다 보면 나쁜 리뷰에도 신경을 써야 하잖아요!"

처음 춤을 출 때부터 저를 늘 옭아매었던 인정 욕구가 사라지고 나니 해방감이 찾아왔습니다. 무대에 올라 저에 대해 글을 쓸 한 사람만을 생각하지 않는다는 것은 정말 멋진 일이었어요. 진정 즐기면서 춤을 출 수 있게 되었습니다. 그 전날 신문에서 저를 국한했던 하나의 형용사에 얽매이지 않은 채 매 순간을 만끽할 수 있었어요. 분명 그 덕분에 제 춤이 더 나아졌다고 확신합니다. 과거의 저였다면 계속 온라인상에서 저를 인정해주는 글을 찾고 싶은 유혹에 빠졌겠지만, 이제 저는 이것이 악순환으로 이어진다는 것을 알기에 다시는 그때로 돌아가고 싶지 않았습니다.

초창기 저에 대한 리뷰가 속상했던 큰 이유 중 하나는, 제가 안 좋은 리뷰를 받을 때도 발레단에 있는 다른 사람은 빛나는 리뷰를 받았다는 것입니다. 정말 부끄러운 고백이지만 저는 그 사람들의 성공에 질투가 났어요. 왜 저는 그렇게 찬사받을 수 없을까요? 저도 그만큼 큰 노력을 쏟고 있었는걸요! 하지만 이런 말들에 힘을 실어주는 건 자신에게 힘을 앗아가는 것이나 마찬가지입니다. 최대 잠재력을 실현할 힘이 사라져버리는 것이죠. 대신 자신의 강점을 더 갈고닦는 데 집중하고, 목표를 세우는 데 집중해야 합니다. 목표 달성 여부는 자신만이 알 수 있습니다. 결승전을 통과했는지를 다른 이가 판단하도록 두어서는 안 되죠.

저는 제가 가르치는 학생들을 보면서 각 무용수가 얼마나 다른지를 깨닫게 되었습니다. 모든 사람은 자신만의 속도로 꽃을 피웁니다. 그 누구도 다른 사람의 시간대를 기준으로 삼아서는 안 되지요. 올바른 동기 부여와 성실한 노력이 뒷받침된다면 더 나아지게 마련입니다. 옆에 있는 사람이 나아진다고 해서 여러분도 저절로 나아질 수는 없어요. 발전의 기반을 다지는 동시에 충분히 노력해야만 열매를 맛볼 수 있습니다. 그런 날이 언제 올지 예단하는 대신에 자연히 실력이 쌓일 때까지 인내심을 가져야 합니다. 기본기를 쌓고 근본을 다져야 제대로 된 성장을 기대할 수 있습니다. 친구의 다리가 더 높이 올라간다고 여러분의 다리도 갑자기 더 높이 올라갈 리가 없죠. 근력을 강화하고 스트레칭을 더 많이 해야 다리도 더 올라가는 것입니다.

관련해서, 제가 깨달은 가장 중요한 점 하나를 말씀드릴게요. 경쟁이 매우 심한 데다 헤쳐나가야 할 부분이 많은 업계에서 성공하려 분투하다 보니 알게 된 것입니다. 나의 잠재력이란 내 주변 사람들의 성공과는 별개라는 사실이에요. 여러분 주위 사람들이 각자의 목표를 달성한다고 하더라도, 여러분이 성공할 기

자신의 강점을 더 갈고닦는 데 집중하고, 목표를 세우는 데 집중해야 합니다. 목표 달성 여부는 자신만이 알 수 있습니다. 결승전을 통과했는지를 다른 이가 판단하도록 두어서는 안 되죠.

회가 사라지지는 않습니다. 저는 종종 각자의 레인에서 수영한다는 상상을 합니다. 옆 레인 선수가 저보다 빨리 수영한다고 해서 제가 앞으로 나아갈 수 있는 가능성이 사라지는 것은 아니죠.

유치하게 들리겠지만 저는 뮤지컬 〈해밀턴$^{Hamilton}$〉의 마지막 대사에 참 공감했습니다. 해밀턴의 최대 라이벌인 버$^{Burr}$가 마지막에 이렇게 말합니다. "세상은 해밀턴과 나를 포용할 수 있을 만큼 충분히 크다." 제가 속한 업계와 이곳에서 성공을 거두고자 노력하는 사람들을 한번 떠올려봤습니다. 평론가나 여러분과 경쟁하고 있는 동료가 여러분의 최대 잠재력을 방해하진 않을 것입니다. 하지만 여러분이 그 사람들에게 집중한다면 분명 방해를 받겠죠. 여러분의 위대함을 발현할 힘은 여러분 안에 있습니다. 이때 정말 중요한 것에 집중하는 태도가 필요합니다. 내가 할 수 있는 것이 무엇인가? 내 재능은 무엇인가? 나의 위대함을 더 끌어올리기 위해서 나는 무엇을 하고 싶은가?

우리는 모두 가끔 평가의 대상이 됩니다. 내 안에 있는 부정적인 비평가가 나를 다른 사람과 비교할 때도 있죠. 하지만 다른 사람이 무엇을 하는지, 혹은 다른 사람들이 우리에 대해 뭐라고 하는지에 신경을 쓸 것이 아니라 스스로 세운 목표를 달성하는 것에 집중해야 합니다. 매일 몇 개의 단어를 쓴다거나, 몇 킬로미터를 달린다거나, 새로운 클라이언트를 확보한다거나 하는 등 말이죠. 만약 여러분이 스스로의 목표를 달성하고 최대의 잠재력을 발현하는 데 모든 노력과 에너지를 쏟는다면, 결과적으로 더 만족하게 될 것입니다. 주변 소음에 자신을 내몰았을 때보다 더 큰 성공을 거두는 건 두말하면 잔소리지요.

# 6장
# 완벽주의 스위치 만들기

지나친 완벽주의 성향은 어떻게 다스려야 할까?

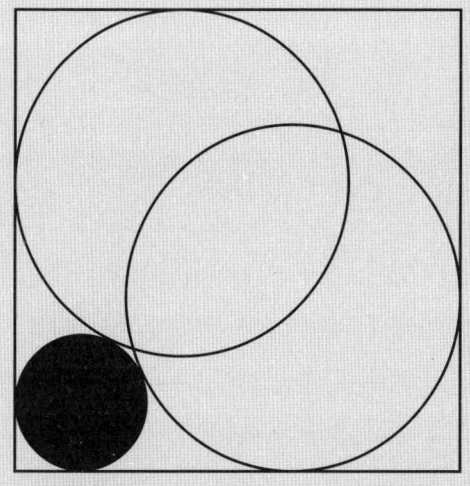

제가 기억하는 아주 어린 시절부터 저는 완벽주의자였습니다. 어머니께서 말씀하시기로는 어릴 때 색칠놀이를 하다가 선 밖을 벗어나면 제가 너무도 속상해하며 그 페이지 전체를 찢어서 구겨버린 뒤 방 건너편으로 던져버렸다고 해요. 특히 잭인더박스 jack-in-the-box* 장난감은 아무리 애를 써도 상자 안에 인형을 제대로 넣어둘 수가 없어서 제 속을 뒤집어놓곤 했습니다. 그 장난감도 방 반대편으로 던져버리곤 했죠.(이쯤 되면 이 책에서 인내심이라는 주제를 다룰 법도 하지만, 제가 이 주제에 대해선 전혀 전문가가 아니라서요!)

어린 시절 가족들과 캠핑을 가는 길에 『초원의 집 Little House on the Prairie』이라는 책을 읽던 기억도 매우 생생하게 남아 있습니다. 머릿속에서 책을 낭독하고 있었는데, 저는 머릿속에서도 모든 문장을 완벽하게 읽어야 직성이 풀렸어요. 머릿속에서 단어가 꼬이면 책을 처음부터 다시 읽어야 했습니다! 그러다 보니 30

---

\* 상자를 열면 용수철 달린 인형이 튀어나오는 장난감

분이 지나도 다음 장으로 넘어가지 못했죠. 다른 사람들은 대체 한 권을 어떻게 다 읽는 거지? 하고 자문했던 게 기억납니다. 자신에게 완벽주의적인 모습을 기대하지 않는 것은 선택지에도 없는 듯 느껴졌어요. 다른 사람의 실수에는 관대했지만 제 실수에는 그러지 못했어요. 무언가를 시도할 때마다 완벽을 목표로 삼았습니다. 다른 사람들의 칭찬을 받기 위함이 아니라 정말로 자기만족을 위한 것이었죠.

완벽주의자는 발레 업계에 정말 잘 맞습니다. 디테일을 매우 잘 살려야만 발레라는 예술 양식에서 성공을 거둘 수 있기 때문이죠. 예를 들어서 발레의 5번 포지션이 무엇인지에 대해서는 누구도 이견이 없습니다. 뒤쪽 발의 발가락이 앞쪽 발바닥 기준으로 조금이라도 튀어나온다면 5번 포지션이라고 할 수 없어요. 이런 자세는 발을 충분히 교차하지 않은 것입니다. 이것 말고도 모든 포지션에서 몸의 모든 부분이 정해진 방식으로 위치해야 하지요.

사실 어렸을 때 발레에 마음이 갔던 것도 바로 이 점 덕분이었습니다. 옳고 그른 것이 있다는 점이 좋았어요. 그리고 정답을 얻기 위해 노력하고 훈련하는 것이 즐거웠습니다.

다섯 살부터 열두 살까지 저는 탭댄스, 재즈, 발레를 모두 가르치는 댄스 스튜디오를 다녔습니다. 그때 같이 수업을 들었던 사람들은 모두 재즈에 더 관심을 보였습니다. 재즈 수업이 재미

있었거든요. 대부분의 아이들은 발레를 너무 규칙이 많고 자유가 없는 춤으로 생각했어요. 하루는 선생님께서 늘 하던 발레 바 ballet barre* 수업 대신에 조금 더 재미있는 스텝부터 바로 배워보지 않겠냐고 제안하셨어요. 투표를 했는데 저는 솔직하게 발레 바 연습을 더 하고 싶다고 이야기했습니다. 저만 그렇게 투표했더라고요. 발레 훈련을 좋아하는 사람이 저 혼자라는 사실을 바로 깨닫게 되었습니다. 다른 여덟 살 아이들은 전부 발레를 춤추는 감옥 같다고 느꼈나 봐요. 그제야 저는 함께 수업을 듣는 친구들 가운데 발레를 가장 좋아한다는 것을 알게 되었습니다. 발레는 제가 가장 좋아하는 춤이 되어가고 있었어요. 제가 하고 싶어서 하는 것이었죠.

어릴 때는 체조나 바이올린처럼 다른 것을 배워보기도 했습니다. 그때도 발레 스튜디오에서처럼 열심히 임했어요. 하지만 지나치게 부족한 실력 탓에 점점 마음이 멀어졌습니다. 제 안의 완벽주의자는 제가 못하는 것엔 관심이 없었어요. 완벽주의자란 어려운 것을 해냈을 때 느끼는 기쁨을 즐기는 사람인 것도 같습니다. 그래서 저는 발레에 집중하기로 했습니다. 아직 정확히 무엇을 목표로 삼아야 하는지는 몰랐지만, 제가 발레를 좋아하고 잘한다는 것만은 알고 있었어요.

---

\* 발레 연습을 할 때 잡는 막대 바

열두 살이 되었을 때, 저는 탭댄스, 재즈, 발레를 모두 가르치던 그 스튜디오를 그만두고 발레만을 전문적으로 가르치는 풀타임 발레아카데미인 발레웨스트<sup>Ballet West</sup> 교습소를 다니게 되었습니다. 그곳에 있는 사람들은 모두 저만큼이나 발레에 진심이었어요. 하교 후 저녁에 발레 수업을 두 개 들었는데, 저만큼 발레에 열심인 사람들과 같은 공간에 있다는 것은 꿈만 같은 일이었습니다. 친구들과 저는 끝없이 노력했습니다. 수업은 학생들을 그룹으로 나누어 진행되었는데, 저희는 다른 그룹 차례일 때도 그저 교실 뒤에서 저희 차례만을 기다리지 않았습니다. 대기하는 시간에도 함께 발레 콤비네이션의 일부를 연습해보곤 했습니다. 제가 카풀을 했던 친구는 저보다도 더 열심인 아이였어요. 항상 수업이 끝나고도 점프나 턴을 다듬기 위해 30분 정도 더 연습하고 집으로 가곤 했습니다. 저는 저와 결이 같은 사람들에게 둘러싸여 있었어요. 천국 같았습니다.

그처럼 발레에 몰입하고 집중했기 때문에 저는 발레계에서 더 경쟁적인 단계까지 나아갈 수 있었습니다. 그다음 단계는 모든 젊은 무용수들의 훈련에서 중요한 부분을 차지하는, 전국 단위 여름 집중 프로그램의 오디션을 보는 것이었습니다. 당시 저는 감기에 걸려서 학교도 못 간 채 집에 있어야 했기 때문에 스쿨오브아메리칸발레학교 오디션을 놓칠 뻔했습니다. 하지만 결국 힘을 짜내어 오디션에 갔고, 그곳에서도 발레 바 콤비네이션 동작

사이사이에 기침약을 먹으면서 춤을 추는 동안만이라도 기침을 하지 않도록 했습니다. 좋은 결정이었어요. 결국 합격을 해서 학교를 다니게 되었고, 그때의 경험이 제 삶을 송두리째 바꾸어놓았습니다.

그렇게 합격한 첫 여름 집중 프로그램에 저는 열정적으로 임했습니다. 세 번째 날에는 발레학교에 가장 오래 계셨던 선생님께서 수업을 해주셨어요. 1905년생이신 안토니나 텀콥스키 Antonina Tumkovsky라는 분이셨는데, 제2차 세계대전 발발 전 키예프발레단Kiev Ballet의 솔리스트였습니다. 선생님의 소련식 가르침은 최고 수준의 에너지와 체력을 요구했습니다. 수업은 잔인할 정도로 무용수들을 한계로 밀어붙였고, 스스로 속도를 조절하지 않으면 수업을 견뎌내지 못할 정도였어요. 저는 처음 몇 번의 수업에서는 완급 조절에 실패했습니다. 정통 완벽주의자라면 그렇듯 저는 모든 콤비네이션 동작에 제 영혼을 갈아 넣었어요. 수업이 끝나면 욕지기가 날 것 같았습니다. 인생 처음으로 카페테리아에 가서도 점심 생각이 전혀 나지 않았습니다. 몇 시간이 지나도록 제 몸이 지쳐 떨리기도 했고요. 수업을 몇 번 더 듣고 나니, 수업 시간 내내 평소의 저처럼 춤을 춘다면 오래 가지 못할 거라는 생각이 들더군요. 제 완벽주의적인 모습을 약간 걸러야겠다는 점도 배우게 되었어요.

한계에 대해 처음 배우게 된 좋은 계기였습니다. 매번 100%

완벽을 달성할 수는 없습니다. 언제 그와 같은 노력을 쏟을 것인지 취사선택을 하는 것이 필요하죠. 우리가 달성할 수 있는 수준을 넘어서까지 자신을 밀어붙이는 것이 늘 긍정적인 것만은 아닙니다. 식욕을 완전히 잃는다거나 수업 후 회복하는 데 며칠이 걸리는 게 선생님의 목표는 아니었을 것입니다. 그렇게 저는 결승선을 통과하기 위해 완벽주의만을 추구하는 태도를 어떻게 조절해야 하는지를 배워나갔습니다.

몇 년 후 제가 뉴욕시티발레단의 수석 무용수 역을 맡게 되며 힘들었던 점 중 하나는, 완벽한 테크닉을 구사하는 것에만 집착한 나머지 정작 무대 위 존재감을 높이는 데는 에너지를 덜 쏟았다는 것입니다. 제가 발레를 좋아했던 이유는 매 스텝을 정확히 구사하기 위해 상당한 노력을 해야 했기 때문이었습니다. 백조의 팔이 그리는 드라마를 좋아해서라거나, 공간을 움직일 때 제 몸에 닿는 선선한 바람을 그저 느끼기 위해 발레를 좋아한 것이 아니었어요. 물론 나중에는 이런 것들을 좋아하게 되었지만요. 그만큼 수석 무용수 역을 제대로 해내기 위해서는 제 춤의 예술적인 면모를 키워주실 발레 마스터가 필요했습니다.

처음 제게 배정된 발레 마스터는 메릴 애슐리Merrill Ashley라는 발레계에서 내로라하는 완벽주의자셨습니다. 메릴은 발란신의 마지막 발레리나 중 한 분이었어요.(발란신이 직접 코칭을 하고 안 매번 100% 완벽을 달성할 수는 없습니다. 언제 그와 같은 노력을 쏟을 것인지 취사선택을 하는 것이 필요하죠. 우리가 달성할 수 있는 수준을 넘어서까지 자신을 밀어붙이는 것이 늘 긍정적인 것만은 아닙니다.

무를 짜준 발레리나를 우리끼리 '발란신의 마지막 발레리나'라고 부르곤 했습니다.) 또 궁극의 발란신 테크닉 구사자이기도 했죠.

발란신은 〈발로 델라 레지나Ballo della Regina〉 공연 안무를 만들 때 메릴의 깔끔한 기술과 정확한 발동작을 강조할 수 있게 했습니다. 메릴은 팔동작도, 발동작도 한 번도 어긋난 적이 없었습니다. 턴아웃turnout* 자세는 너무도 훌륭한 나머지 가끔은 다리가 다른 사람과는 다른 방식으로 몸통에 붙어 있나 하는 생각이 들 정도였습니다. 게다가 그녀는 자신에게 극한의 기준을 요구하는 분이기도 했죠. 최고의 테크닉을 구사하도록 자신을 압박했고, 최고 이하는 생각지도 않는다는 것으로 유명했어요.

그렇게 전설적인 분과 같은 스튜디오에 있다는 것 자체는 멋진 일이었지만, 저보다도 테크닉을 더 비판적인 눈초리로 보시는 발레 마스터와 함께하는 것은 정말 힘들었습니다. 저 또한 스스로 완벽해야 한다는 기대를 하고 있는 와중에, 연습실 앞에 계신 발레 마스터께 지금보다 두 배는 노력해야 한다는 말을 듣는다고 생각해보세요. 저희 둘의 완벽주의적 기질이 서로 더해지면서 저는 혹여나 발을 잘못 놓거나 팔을 잘못 쓸까 봐 두려워서 움직이는 것 자체를 무서워하는 지경에 이르렀습니다. 메릴은 자신이 가르치는 무용수들에게 자신의 수준만큼을 기대했어요.

---

* 양다리를 바깥으로 하고 서 있는 발레의 기본자세

엄청난 거죠.

메릴은 반복해서 제 상체를 지적했습니다. 제 어깨가 약간 타이트하고 앞쪽으로 말려 있다거나, 팔이 하나의 부드럽고 동그란 원 모양을 만들어야 하는데 팔꿈치가 뾰족해서 그런 느낌이 사라진다고 지적하셨죠. 몇 개월 동안 "팔꿈치!"랑 "어깨!"를 계속 외치셨던 기억이 납니다. 저도 너무 고치고 싶었지만 도대체 제 몸을 어떻게 움직여야 하는지를 몰랐어요. 하루는 〈발로Ballo〉 공연을 하면서 어깨가 위로 '삐쭉 올라오지 않도록' 공연 내내 필사적으로 어깨를 아래로 내리려고 했던 기억이 납니다. 메릴의 인정을 받기 위해서요. 나중에 공연 녹화 영상을 보고 나니 메릴이 말씀하신 게 무엇이건 어깨를 아래로 누르는 것은 해결책이 아니라는 점을 깨달았습니다. 저는 굳어 있었고, 불편해 보였어요. 관객들도 저를 보며 같은 느낌을 받았을 것이라 확신합니다.

점점 제 목표는 메릴의 지적을 피하는 것이 되어버렸습니다. 어떻게 춤을 춰야 메릴이 저를 좋게 봐줄지 생각하면서요. 저는 메릴의 인정을 받는 것만을 원하고 있었습니다. 오로지 메릴의 지적을 피하기 위해 춤을 춘다면 제 최고의 모습이 나올 수 없을 텐데 말이에요. 하지만 당시 저는 메릴에게 완벽한 무용수가 되기 위해 노력하는 것에 정신이 팔려 있었습니다.

어느 날 공연이 끝나고 마침내 칭찬받았던 때를 잊지 못할 것 같아요. "연습했던 거 다 잘 했어요! 해냈내요!" 이토록 엄격한 분이 이렇게 열정적으로 반응하다니 믿기지가 않았습니다. 드디어 인정을 받는구나, 안심이다, 하는 생각이 들던 찰나 "그렇긴 한데…"라고 말씀하셨어요. 그걸 듣고는 '진심이세요??? 단 하루도 마음 편히 자축할 수 없다고요?'라고 생각했던 기억이 납니다. 단 하루만이라도 제가 충분했다는 마음이 들 수 있기를 간절히 바랐어요. 저는 정말 열심히 노력했고, 제 안의 완벽주의자에게는 칭찬이 필요했습니다.

그때 선생님께서 짚어주시려 했던 부분은 마무리 인사 동작이었어요. 일반적으로 코치님들이 수정을 하거나 피드백을 주는 영역이 아니라고 제쳐두었던 부분이었죠. 선생님께서는 드디어 제 춤에 대해서는 만족하셨지만 워낙 극도의 완벽주의자인 탓에 이제는 공연 마지막에 올리는 절까지 완벽하기를 바란 것입니다. 그녀는 마무리 인사를 할 때 제 머리 윗부분이 너무 많이 보인다고 말했습니다.

그제야 저는 발레 무용수의 일에는 끝이 없다는 것을 깨달았습니다. 우리가 하는 일의 특성이 그렇습니다. 그날 밤, 혹은 그다음 날 공연이 얼마나 잘 되었던지 간에 그다음 날 스튜디오에서는 새로 연습을 해야 합니다. 다음 공연 전에 항상 새로 개선해야 할 부분이 생기니까요. 그렇기 때문에 무용수는 공연을 하면서는 자신감을 갖되, 그다음 날 스튜디오에서는 다시 그 공연을 낱낱이 분해해 개선점을 찾는 과정에도 열린 마음을 가져야 합니다. 쉬운 일이 아니죠. 서로 양립하는 두 가지 태도를 가져야 하는 것입니다. 성장하고 싶다면 대규모의 관객들 앞에서는 자신감을 가지면서도 그다음 날 스튜디오에서는 겸손함을 가지고 연습에 임해야 합니다. 이 두 가지 태도를 모두 겸비해야 훌륭한 무용수가 됩니다.

커리어 초반에는 이 두 가지 태도 사이의 균형을 잡는 것이 어려웠습니다. 특히 무대에서 큰 실수라도 했다면 더더욱 그랬어요. 가끔 공연을 하다가 크게 넘어지곤 했는데, 그럴 때면 중심을 잡으려 땅에 손을 짚거나 엉덩방아를 찧으며 무대 옆으로 미끄러졌습니다. 그 순간 공연장에 있는 2,500명의 관객 모두가 놀라서 숨을 들이마시는 소리가 들릴 정도였습니다. 다른 때는 리프트$^{lift*}$가 안 된다거나, 스텝이 꼬이거나, 턴을 해야 하는데 균형을 못 잡아서 그냥 뛰는 동작을 해버린 적도 있었습니다.

이렇게 완벽이라고는 볼 수 없는 공연을 마치고 나면 제 머릿속의 완벽주의자가 이를 용납하지 못해 힘들었습니다. 당시에는 그게 최선이었다고 하더라도요. 한두 번의 공연을 위해 하루에 몇 시간씩이나 노력을 쏟았는데 무대에서 최선을 선보이지 못했다는 생각이 들면 마음을 다스리기가 쉽지 않았습니다. 커리어

---

* 한쪽 발의 끝을 다른 쪽 다리의 무릎에 대는 발레 동작

초반에는 무용수들도 결국 사람이라는 사실을 이제 막 받아들이는 중이었기 때문에 더더욱 힘들었습니다. 발레 공연 하나를 위해 몇 시간 동안 계속해서 리허설을 하고, 수년간 기술적인 훈련을 받아야만 공연에 오를 수 있습니다. 공연이 잘되지 않으면 그런 노력들이 모두 수포로 돌아간 느낌이었어요. 전부 시간 낭비처럼 느껴지죠. 나의 역량을 세상에 보여줄 수 있는 순간을 놓치고 만 느낌이 듭니다.

테크닉을 향상하고 완벽하게 다듬는 것에만 너무 집중하다가 어려운 스텝에만 더욱 집착하게 되는 것도 문제입니다.

저는 그런 스텝에 집중하는 게 당연하다고 생각했는데 그러다 보니 문제가 되는 스텝들에만 신경 쓰게 되곤 했어요. 걱정을 지나치게 많이 한다고 마법처럼 동작을 잘하게 되는 것은 아닙니다! 오히려 춤의 흐름을 놓치고 있었죠. 여정 자체를 즐기지 못하고 있었습니다. 언젠가부터 제 모든 만족감은 파트너와 함께 하는 어려운 스텝이나 혼자 하는 어려운 피루엣을 완벽하게 해내는 것에서만 오고 있었습니다. 춤을 추는 것이라 볼 수 없었죠!

발레계에서는 시즌마다 같은 발레 공연을 두 번에서 네 번 정도 합니다. 그렇기 때문에 몇 번 안 되는 공연에서 최고의 모습을 보이고 싶죠. 그러다 브로드웨이 뮤지컬을 하며 같은 파트를 365번 정도 추는 경험을 하고 나자, 마침내 완벽주의적인 강박을 내려놓는 법을 많이 깨우치게 되었습니다. 다른 관객 앞에서 매번 같은 안무로 그렇게나 많은 무대에 오르게 되자, 저는 발레리나로서의 완벽주의적인 성향은 조금 내려두고 엔터테이너로서의 모습에 집중하는 법을 배우게 되었어요.

하지만 〈온 더 타운〉 공연의 첫 몇 달 동안은 발레리나일 때의 사고방식이 아직 작동하고 있었습니다. 아직 저 자신에게 완벽이 아닌 모습은 기대조차 않던 때였어요. 하지만 매번 일관된 수준으로 공연을 할 수 없다는 것이 진리 같았어요. 한 공연에서 독보적인 모습을 보였다가도 곧바로 같은 공연의 후반부에서 큰 실수를 하기도 했어요. 공연을 하는 모든 순간에 매우 완벽할 수는 없다는 사실을 받아들여야 했습니다. 우리는 모두 사람이고, 그렇게나 많이 시도하다 보면 실수를 하거나 NG가 나기 마련이죠. 그렇게 저는 완벽하지 않은 공연을 한 후에도 괜찮을 수 있는 법을 터득하기 시작했습니다.

명상도 중요한 역할을 했습니다. 브로드웨이에서는 일주일에 이틀은 같은 공연을 하루에 두 번 선보이게 됩니다. 마티네와 저녁 공연, 이렇게 두 번이 있어요. 매일 저녁 같은 공연을 할 때도 그렇지만, 하루에 한 번 이상 같은 공연을 하다 보면 진정한 교훈을 얻게 됩니다. 공연이 너무 가까이 붙어 있기 때문에 공연 간의 차이를 쉽게 느낄 수 있게 되죠. 저는 두 번째 공연 전에 명상을 하면 저녁 공연이 훨씬 잘 풀린다는 것을 깨달았습니다. 몸이 정말 있어야 할 곳에 가 있다거나, 현재에 머물면서 오케스트라의 즉석 공연에 맞춰 춤이 자연스레 춰지도록 내버려두었습니다. 이런 공연들은 정말이지 큰 해방감을 선사해주었기 때문에 브로드웨이 공연이 끝난 후 발레 무대로 돌아왔을 때도 이때 얻은 큰 교훈을 잊지 않으려 했습니다.

명상을 하면 할수록 춤을 출 때 더욱 현재에 머무를 수 있었습니다. 그러고 보니 예전에는 충격적이게도 공연이 끝났을 때와 공연이 잘 마무리되었을 때에만 기뻐했다는 걸 깨달았어요. 춤을 춘다는 것 자체에서는 기쁨을 느끼지 못했습니다. 예전에는 항상 공연의 막이 오를 때 즈음 동료들에게 "여러분, 이제 거의 끝나가요!"라고 말하곤 했었습니다. 얼마나 이상한 생각인지요! 발레 공연이 시작되지도 않았는데 거의 끝나간다니 말이죠. 당시 저는 그저 스트레스를 빨리 털어내고 싶은 마음뿐이었습니다.

하지만 명상을 하면서부터는 두려운 스텝들에 대한 공포와 무서움을 극복할 수 있었습니다. 예전의 저는 빨리 두려운 스텝 차례가 되어서 이를 잘 해내고, 마무리 인사를 한 후 해냈다는 생각을 하며 집으로 돌아가기만을 기다렸는데, 그러느라 얼마나 많은 시간을 낭비했는지 깨닫게 되었습니다. 그때는 오케스트라의 아름다운 연주를 듣지도 않았어요. 완벽해야 한다는 생각만 가득한 나머지, 제 춤이 꽃피는 현재의 순간을 즐기지 못하고 있었습니다.

아마 발레 공연의 웅장함에 눌렸던 것 같아요. 제 아래에는 60명 정도의 오케스트라 단원들이 연주하고 있었고, 관객석에는 발레에 정통한 뉴요커가 무려 2,500명이나 저를 보고 있었기 때문입니다. 지금 생각해보면 정말 멋진 일이라 생각합니다. 하지만 신인 무용수일 때는 속으로 두려움에 떨며 막이 내리기만을 기다리면서 공연을 꾸역꾸역 헤쳐나가면서도 얼굴에는 내내 미소를 장착해야만 했어요.

하지만 명상을 하면서부터는 한층 여유로워지며 과정 자체를 즐기게 되었고, 춤 자체도 더 잘 출 수 있게 되었습니다. 힘을 빼기 시작하며 음악을 정말 느끼기 시작했어요. 공연의 막이 오르면 재생 버튼이 함께 눌러지는 로봇마냥 춤을 추는 것이 아니라 실시간으로 반응을 하게 되었습니다. 더 이상 제 공연의 결과를 통제하려 들지 않았어요. 대신 최대한 제 몸을 준비시킨 다음, 몸이 알아서 날아오르게 두었습니다. 공연에서 완벽하지 않을 수 있는 여지를 남겨두자, 제 안의 예술가가 자유롭게 날아오르게 되었고, 그 덕에 저는 제 예술적인 모습을 여과 없이 꽃피울 수 있었습니다.

완벽하지 않음을 두려워한다면 성장할 여지가 없습니다. 또한 실수를 한 뒤에도 굴하지 않고 나아가는 법을 배워야 해요.

해가 갈수록 저는 중요한 순간에만 완벽주의적인 기질을 발휘

하는 법을 배우게 되었습니다. 완벽주의 모드를 늘 켜두는 대신에요. 특히 아이를 낳고부터는 어느 정도의 무질서 상태를 받아들이는 법을 배우게 되었습니다. 예를 들어 가끔 집안 전체를 청소했는데, 첫째 딸아이가 낮잠에서 깨어나자마자 장난감을 모두 꺼내어버리면 다시 집이 어지럽혀지곤 합니다. 그런 어지러움을 그대로 두는 법을 배웠습니다. 쉽지 않은 일이었지만, 그 덕에 저와 제 가족들은 그런대로 살아가는 법과 신경쓰지 않는 법을 배우게 되었습니다. 아이를 키우는 엄마이면서 모든 것들에 대해 신경과민일 수는 없습니다. 완벽주의자라는 페달에서 발을 떼는 법을 재빨리 깨닫게 되죠.

하지만 도움이 되는 순간에는 완벽주의자 모드를 다시 켭니다. 여행을 계획할 때는 디테일 하나하나를 꼼꼼하게 보는 성격이 도움이 되죠. 또 MBA 과정을 들을 때에도 완벽함을 기하는 노력이 도움이 됩니다. 그리고 (무대가 아니라) 스튜디오에 있을 때라면 가장 이상적인 발레를 추구하는 노력 덕분에 최고로 발돋움할 수 있습니다.

하지만 더 이상 완벽주의가 필요하지 않다고 판단이 되면, 저는 완벽주의를 완전히 꺼둡니다. 가끔은 모든 것이 특정한 방식으로 이뤄져야 한다는 강박에서 벗어나려면 명상을 해야만 합니다. 하지만 어쨌건 늘상 완벽주의인 대신 필요에 따라 껐다 켰다 할 수 있는 능력을 갖추면 훨씬 강해질 수 있어요.

늘상 완벽주의인 대신 필요에 따라 껐다 켰다
할 수 있는 능력을 갖추면 훨씬 강해질 수 있어요.

나이가 들면서, 저는 완벽을 추구하는 것이 제 인생을 얼마나 불행하게 만드는지 체감하게 되었습니다. 과거에는 정확히 제가 원하는 대로 어떤 순간이 흘러가지 않으면 그 순간들을 즐기지 못하곤 했어요. 가끔은 부끄러울 정도로 그랬습니다. 예를 들어서 레시피에 따라 요리를 하다가도 많은 경우 재료 양을 잘못 넣었거나 무언가를 태우기라도 하면 한숨부터 쉬었어요. 제 완벽주의적인 뇌가 저를 압도하고 있기 때문에 이럴 땐 그저 비명을 지르며 요리를 다시 처음부터 만들고 싶은 마음이 들었습니다. 하지만 그런 충동을 내려놓는 법을 배우고서야 겨우 숨 쉴 수 있게 되었어요. 완벽주의는 저를 위한 것이어야지, 제 사고방식과 행동을 완전히 장악해서는 안 되는 것이었습니다.

"사소한 것에 신경을 쓰기엔 인생은 너무도 짧다."라는 말을 종종 하죠. 하지만 완벽주의자는 이런 조언에 동의할 수 없습니다. 완벽주의자들에게는 사소한 것이 전부인걸요! 이런 말은 결국 아무것도 신경 쓰지 말라는 것과 같습니다. 역시 완벽하기 위해 노력하고 싶은 마음을 다스리는 일은 쉽지 않습니다. 하지만 이 같은 속박을 조금 내려놓은 다음, 나에게 해롭지 않고 정말 유익할 때만 완벽주의적인 뇌를 가동한다면 얼마나 멀리까지 나아갈 수 있을지 한번 상상해보세요!

# 7장

# 실패를 기회로 활용하기

어떻게 하면 실패해도 금방 다시 일어날 수 있을까?

완벽주의자라면 위험을 감수하고 성장하도록 실수의 여지를 두는 것조차 쉽지 않습니다. 그러니 정말로 실패를 했을 때 이를 받아들이는 것은 더욱 어렵죠. 저는 수년간 성취를 이루어왔지만, 30대에 접어들어서야 처음으로 제대로 된 실패를 맛보았습니다. 첫 실패 당시 저는 완전히 무너졌어요.

저는 2010년에 첫 결혼을 했습니다. 처음 결혼하는 사람들이 모두 그렇듯, 저는 제 결혼이 평생 이어질 줄 알았어요. 당시 저는 이미 뉴욕시티발레단의 수석 무용수로서 어느 정도 공인이었기 때문에, 《뉴욕타임스》는 뉴욕 내 세간의 관심을 끄는 결혼식에 대한 섹션인 주간 〈결혼소식Vows〉 섹션에 제 약혼자와 제 기사를 싣고 싶어 했습니다. 이야기를 나누다 보니 10년 뒤에도 계속 행복한 결혼생활을 유지하고 있는 경우는 다시 지면에 실릴 수 있다고 하더군요. 그 말을 듣고는 '와, 이건 당연하지. 우리는 평생 갈 건데.'라고 생각했습니다. 우리가 10주년을 맞이하지 못한다는 건 상상도 못 했어요. 10주년이 힘들 수가 있나요?

결혼 후 5년이 지난 어느 날, 저는 브로드웨이 공연의 막바지를 달리고 있었습니다. 마지막 공연 중 하나가 시작되기 전, 저는 제 결혼생활이 끝나리라는 내용의 문자를 받았습니다. 스쿨오브 아메리칸발레학교 기숙사의 안락한 품을 떠나고부터 13년을 함께 했던 사람은 그렇게 더 이상 제 파트너가 아니게 되었고, 곧 적으로 바뀌었어요.

제 온 세상이 무너졌습니다. 가정에 대해 믿어왔던 모든 것들이 산산조각 났어요. 그로부터 일주일 사이, 저는 집을 내놓고, 강아지들의 양육권을 포기하며, 앞으로 무엇을 해야 할지 고민하게 되었습니다.

그때까지만 하더라도 저는 제 인생이 탄탄대로였다는 사실을 인지하지 못하고 있었어요. 바보같이 열심히 노력하고 옳은 선택을 하려 애쓴다면 모든 것이 잘 될 것이라고 생각했습니다. 반대로 그렇기에 삶이 원하는 대로 흘러가지 않을 때면, 무언가 잘못했기 때문이라고 생각했어요. 미리 계획을 세우지 않았다거나, 충분히 열심히 노력하지 않았다거나, 집중하지 않았다고 생각했던 거죠. 저는 성공을 그렇게 치열한 방식으로만 바라보았습니다.

왜냐하면 인생의 대부분은 제가 원하는 대로 흘러갔거든요. 물론 노력을 하지 않았던 것은 아닙니다. 하지만 이혼 전까지만 해도 그렇게 심각한 실패를 경험해본 적은 없었어요. 학교에서도 항상 완벽한 성적을 받았습니다. 한 번 전 과목 A를 받고 나니, 계속 완벽한 점수를 유지하려면 앞으로도 전 과목 A를 받아야겠다고 생각이 들더군요. 가끔은 정말 배움을 위해서 공부를 하는 것이 아니라 그저 수업에서 A를 받기 위해서 무엇이든 하고 있다는 생각이 들기도 했습니다. 마치 집착과도 같았고, 정작 중요한 것에 집중하지 못하는 셈이었죠.

한편, 발레에서도 저는 처음부터 제 나이대의 다른 아이들보다 앞서 나갔습니다. 주로 저는 저보다 나이가 두 살 정도 더 많은 사람들과 같은 수업을 들었어요. 발레웨스트Ballet West 교습소에서 〈호두까기 인형〉 오디션을 볼 때부터 합격이 된 것이나 마찬가지였고, 주인공인 클라라의 아역도 3년 내내 맡았습니다. 동네의 교습소를 떠나서 더 체계적인 훈련을 받게 되었을 때도, 저는 저보다 나이가 많은 사람들과 같이 수업을 들었습니다. 제가 사는 지역에서 여름 집중 프로그램 오디션이 열리면 저는 매번 합격했고, 주로 장학금을 받았습니다. 저에게 성공은 희망하고 목표로 삼는 것이라기보다는 주어지는 쪽에 속했어요.

물론 노력을 기울이지 않은 것은 아닙니다. 저는 무엇을 하건 최고로 노력할 것이 아니라면 할 생각도 없는 사람이었습니다. 그 과정에서 좋은 결과는 늘 따라왔죠.

하지만 이혼을 하면서, 완벽주의를 추구하면 좋은 결과가 따라오는 패턴이 끝나게 되었습니다. 부모님께는 항상 전 과목 A 성적표나 성공적인 발레 커리어 소식만을 전해드렸기 때문에,

결혼생활이 끝났다는 소식을 전해드리는 것 자체도 이혼의 어려운 부분 중 하나였어요. 처음으로 부모님을 실망시켜드리는 것 같았습니다.

예전에는 이혼 이유를 상세하게 짚는 것이 중요하다고 생각했지만, 이제는 그 내막을 공유하는 것조차 의미가 없다는 점을 깨닫게 되었습니다. 새로운 시각을 얻어 상황을 조망할 수 있게 되면, 디테일은 그저 디테일에 불과하다는 것을 깨닫게 됩니다. 제 결혼이 그런 결말을 맞이한 것은 마지막 몇 달 사이의 문제라거나 누가 무엇을 했기 때문이라기보다는, 그저 우리가 결이 맞지 않았기 때문이에요. 저는 지난 13년을 이 한 사람과 보냈습니다. 그 과정에서 이 세상과 친구들, 취미를 바라보는 방식을 그 사람에게 맞추어왔습니다. 하지만 결과적으로 저에게 중요한 것들을 너무 많이 희생해왔다는 것을 깨닫게 되었습니다. 저는 그 사람이 바뀔 수 있을 거라고 생각했어요. 하지만 언젠가 이 사람이 변하기를 바라는 마음만으로는 건강한 관계를 쌓아갈 수 없습니다. 그 사람이 여러분과 가장 잘 맞는 사람으로 성장하고 발전해 갈 것이라는 보장이 없으니까요.

그렇게 갑자기 저는 혼자가 되었고, 그러자 세상이 다르게 보이기 시작했습니다. 처참했고 충격적이었지만, 한편으로는 새롭게 시작할 수 있다는 멋진 깨달음을 얻게 되었습니다. 기회 같았어요.

별거를 하고 얼마 지나지 않아, 저는 친구와 함께 저녁을 먹으러 나갔습니다. 그 친구와 이야기를 하며 저는 남자를 볼 때 중시하는 것을 체크리스트로 작성했습니다. 더 정확히 말하면, 앞으로는 이런 부분은 포기할 수 없다고 생각되는 자질을 적어보았습니다. 저는 새로운 파트너를 찾는 과정에서 이 체크리스트를 중요한 지침으로 삼게 되었죠. 저는 저의 가치를 알고 있었고, 저기 어딘가에 있는 아주 멋진 누군가에게는 제가 정말로 훌륭한 파트너가 될 것이라는 점을 알고 있었어요. 그 사람을 찾고야 말 것이었습니다. '앞으로는 포기하지 않을 것들을 적은 체크리스트'를 기준으로 데이팅 앱을 살펴보면서 화면을 쓸어 넘기고 또 쓸어 넘겼습니다. 마치 제 인생이 달린 것처럼 열심히요. 명상도 제 인생이 달린 일처럼 열심히 했습니다. 처음에는 명상 자체도 어려웠습니다. 너무 갑자기 이혼을 하게 되는 바람에 눈을 감을 때면 그날의 끔찍함이 계속 떠오르곤 했습니다. 그러자 초월명상 선생님께서 저를 구원해주고자 명상을 도와줄 수 있는 음성녹음을 남겨주셨습니다. 제가 다시 명상을 할 수 있게끔 1~2분 정도 선생님께서 가이드를 해주시는 내용이었어요. 한 번만 사용하고 지워야 한다고도 알려주셨습니다. 효과가 있었습니다. 마침내 한 자리에서 20분 정도 눈을 감고 평온의 시간을 느낄 수 있었습니다. 그 녹음 덕분에 저는 더욱 빨리 치유될 수 있었고, 앞으로 성공적으로 나아갈 수 있었다고 생각합니다. 하지만 또 한편으로는 명상은 지속적으로 해야 하는 수련이라는 점도 알고 있었어요.

당시 저에게 정말 도움이 되었던 것은 주변 사람들의 지지였습니다. 전 남편과 헤어진 첫날부터 저는 친구들에게 제 상황을 매우 솔직하게 털어놓았습니다. 인생에서 어려운 전환기를 겪어내기 위해서는 친구들의 지지가 필요하다는 것을 알고 있었기 때문입니다. 그다음 해에는 만나는 모든 사람에게 제 이혼에 대해 솔직하게 말을 했고, 그 과정에서 비슷한 경험을 한 사람들의 이야기를 많이 들을 수 있었어요. 그때만큼 다른 사람들과 연결된 기분을 느껴본 적이 없었습니다. 완벽주의자였던 저는 늘 인생의 슬픈 순간이 나와 상관없다고 생각하며 살아왔었는데 이제는 벽을 허물고 온 우주와 같이 제 고통스러운 감정을 나누기 시작했습니다. 그 덕에 혼자라고 생각되지 않았어요.

결국 저는 열심히 데이팅 앱을 쓸어 넘긴 끝에 마음에 드는 상대를 찾았습니다. 여러 데이트를 나갔는데 그중에서 한 명이 특히 눈에 띄었어요. 신기하게도 그 사람은 제가 적었던 체크리스트의 모든 점을 충족했습니다. 저희는 이제 6년째 함께 하는 중이며, 결혼도 했고 가정도 꾸렸어요. 저는 현실이 되었으면 하는 것들을 구체화하는 일과 파트너에게서 원하는 점들을 포기하지 않는 일의 중요성을 되새기기 위해 이 체크리스트를 아직도 보관하는 중입니다.

데이트를 막 시작하는 젊은 무용수들에게는 이 말을 드리고 싶어요. 만나는 사람들을 발레 업계 사람들로 한정 짓지 마세요. 춤 이외의 세계에서도 멋진 사람들이 너무나 많습니다. 이 사람들은 여러분들의 인생을 더욱 다채롭게, 또 다양한 질감으로 가득하게 해줄 것입니다. 발레는 정말 치열한 환경에서 이루어지기 때문에, 동기들이나 발레 단원들 위주로 관계를 맺을 가능성이 큽니다. 하지만 시간을 돌려 다른 선택을 할 수 있다면, 저는 훨씬 어렸을 때부터 발레단 이외의 사람들을 만나보았을 것 같아요. 물론 이는 뉴욕과 같은 대도시에 살고 있다면 특히 더욱 두려울지 모릅니다. 하지만 극장 밖에서 좋은 친구를 한 명 사귀면, 그로 인해 또 다른 친구를 만나게 되어 인간관계가 확장될 수 있습니다. 그리고 더 많은 사람을 만날수록, 여러분에게 정말 맞는 사람들과 함께 하는 것이 더욱 쉬워집니다.

춤을 추지 않는 분들도 마찬가지예요. 업계 동료만을 지인으로 두지 마세요. 다양한 친구들을 사귀고, 자신과 다른 분야에 있는 사람들로부터 배우세요. 용기를 내 안전지대 밖을 탐험하시기 바랍니다.

어떤 분들은 분명 '실패'라는 단어에 인상을 찡그리셨을 수도 있습니다. 우리 대부분은 실패를 회피하고자 하죠. 주로 실패는 부정적인 단어이긴 합니다. 하지만 저는 이혼을 겪으며 실패를 받아들이는 법을 배웠어요. 제가 이제껏 경험한 가장 큰 실패였지만, 저는 살아남았습니다. 그뿐 아니라 그 과정에서 제가 얼마나 강하며 적응을 잘하는지도 알게 되었습니다. 제 삶을 어떻게 살고 싶은지, 또 어떻게 살아야 하는지를 많이 배우게 되었죠.

성공이란 이미 고양된 상태라 굳이 다른 사람들의 도움이 필요하지 않습니다. 하지만 실패는 다른 사람들과 연결되고 하나가 될 수 있는 놀라운 기회입니다. 이를 통해 새로운 가능성과 미래를 열린 마음으로 바라볼 수 있기도 하죠. 그런데도 왜 우리는 실패를 부정적인 것으로만 바라볼까요? 실패를 그토록 두려워만 하는 대신, 실패를 훌륭한 배움의 기회로 삼아볼 수도 있을 것입니다.

결혼 막바지 무렵, 그동안 한 번도 상상하지 못했던 인생이라는 일말의 희망을 가지게 되면서 저는 변화를 받아들이게 되었고, 그런 모습에 저 자신도 놀랐습니다. 그전까지는 분명 잘못된 방향으로 나아가고 있었습니다. 언젠가 결혼생활이 끝날 거라고 상상조차 하지 못했지만, 마침내 결혼에 종지부를 찍자 이제껏 살아가던 동화 속에서 마침내 눈을 뜨고 삶을 분명하게 바라볼 수 있게 된 것 같았어요.

저는 실패를 기회로 보도록 관점을 바꿔야 한다고 말씀드리고 싶어요. 실패를 찾아 나서야 한다는 게 아니에요. 그래도 원하지 않던 일이 작건 크건 발생하게 되면, 이를 배움의 기회로 삼을 성공이란 이미 고양된 상태라 굳이 다른 사람들의 도움이 필요하지 않습니다. 하지만 실패는 다른 사람들과 연결되고 하나가 될 수 있는 놀라운 기회입니다. 이를 통해 새로운 가능성과 미래를 열린 마음으로 바라볼 수 있기도 하죠.

수 있다고 말하는 것입니다. 우리는 실패를 통해 배우고, 관점을 재조정할 수 있습니다. 어떤 종류건 실패는 새로 시작할 수 있는 순간이 될 수 있어요. 실패 덕에 재점검을 해볼 수 있는 것이죠. 삶을 다시 돌아보면서, 무엇이 중요하고 무엇은 중요하지 않은지 판가름할 수 있게 됩니다. 성공만 거듭하다 보면 인생을 돌아보며 틀린 부분들을 도려내는 노력은 하지 않게 될 거에요. 그저 삶을 그렇게 계속 헤쳐나가기만 할 것입니다. 그런 의미에서 실패는 마치 아름다운 경종과도 같습니다. 한 번도 생각해본 적은 없지만 무언가 다른 것이 필요할 수도 있다는 속삭임 같은 것이지요.

제 조건에 완전히 부합했던 그 남자도, 제가 그 전의 모든 단계를 겪지 않았더라면 제 인생에 들어오지 않았을 것입니다. 단언컨대 우리는 다른 방식으로는 절대 우연히 만나지 못했을 거예요. 인생의 격변기를 온몸으로 겪어내는 중일 때는 실패했다는 생각이 들 수 있지만, 이제 저는 그것조차 본디 자신의 길을 찾기 위한 경로 조정일 뿐임을 압니다. 저는 지금 이 관계에서 저 자신에게 훨씬 솔직하게 되었고, 이렇게 다시 시작할 수 있는 기회가 있음에 정말 감사해요. 매우 고통스럽긴 했지만, 온 우주가 저를 올바른 방향으로 이끌어줄 수 있도록 둔 것에 감사합니다.

제 안의 완벽주의자가 사라진 것은 아니에요. 저는 아직도 매일 완벽주의적인 기대에 맞서 분투합니다. 하지만 저는 위기가

인생의 격변기를 온몸으로 겪어내는 중일 때는
실패했다는 생각이 들 수 있지만,
이제 저는 그것조차 본디 자신의 길을 찾기 위한
경로 조정일 뿐임을 압니다.

닥쳤을 때 경험한 은혜로운 순간들을 떠올리며, 다른 사람들이 힘든 시기를 겪고 있을 때도 제가 받은 공감의 감정을 계속 나눠야 함을 떠올립니다. 저는 이제 더 이상 의지만 있다면 뭐든 해낼 수 있다고 순진하게 생각하지 않습니다. 우리는 인생에서 많은 부분을 통제하지 못하니까요. 하지만 이와 같은 미지의 세계와 실패의 가능성을 받아들이게 되면 놀랍도록 자유로워질 수 있습니다.

# 8장

# 인생에 다양성을 더하기

일과 일상의 균형을 찾으려면 어떻게 해야 할까?

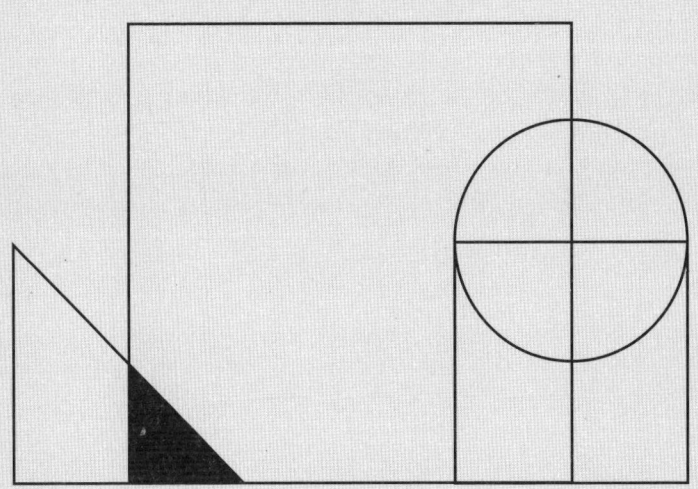

발레 무용수들은 다른 업계 사람들보다 커리어를 빨리 시작합니다. 고등학교 3학년 때 저는 이미 뉴욕시티발레단의 연수생이었어요. 보통 무용수들은 고등학교를 졸업하는 것만으로도 기뻐합니다. 대학교는 차치하고 고등학교의 마지막 1, 2년을 전문 발레단 스케줄과 병행하는 것이 힘들기 때문이죠. 하지만 저는 진심으로 학교를 다니는 것이 즐거웠습니다. 포드햄 대학교 링컨 센터 캠퍼스<sup>Fordham's Lincoln Center campus</sup>는 극장 바로 맞은 편에 있었고, 월요일 야간 수업을 제공했기 때문에, 저는 대학교를 다닐 수 있는 상황이었어요. 그래서 저는 고등학교를 졸업하고 첫해 가을, 뉴욕시티발레단에서 갓 정식 단원이 된 상황에서 대학교에 가을학기로 입학했습니다.

매주 월요일 저녁, 와서만 교수님<sup>Mr. Wasserman</sup>께 듣는 영어 수업은 즐거웠습니다. 하지만 기말 페이퍼를 쓸 무렵이 되자 50번의 〈호두까기 인형〉 공연을 소화하면서 과제 마감일을 맞춰야 했고, 이는 제게 너무나 큰 스트레스를 주었습니다. 모든 것을 해내고 있긴 했지만, 스트레스를 안 받는 것은 아니었어요. 부모님께 울면서 전화를 건 적도 있었습니다. 이런 일들을 겪고 발레와 대학 수업을 병행하기가 버거워지자 결국 저는 다시 발레에 제 100%를 쏟기로 했습니다.

2년 후, 저는 다시 한번 도전해보기로 했습니다. 이미 솔리스트가 되었기에 제 레퍼토리를 기다리는 동안에는 시간이 많이 남는 상황이었어요. 리허설을 할 때에도 항상 파트너와만 연습을 하다 보니 갑자기 일상이 외로워졌고, 동료들과 떨어져 소외된 느낌을 받았습니다. 또, 당시의 저는 매주 새롭거나 흥미로운 역을 맡기를 기대하며 캐스팅 공지를 기다리고 있었습니다. 새로 배우고, 성장하며, 도전해보기를 원했거든요. 하지만 늘 그런 기회가 주어지는 것은 아니었습니다. 커리어 초반에는 힘든 배역들을 순식간에 익혀야 하는 경우가 많았다면, 무미건조한 시즌들도 있었던 것이죠. 이 양극단 간의 균형을 찾는 것이 어려웠습니다. 그러다 보니 의욕이 사라지는 순간도 찾아왔습니다. 그러자 제 어머니께서는 예전에 학교를 정말 즐겁게 다니지 않았냐고 하시면서 공연 시즌에 다른 무언가를 병행한다면 캐스팅 부담이 많이 줄지 않겠냐고 말씀해주셨습니다. 캐스팅이 되면 좋고! 아니면 학교에 쏟을 시간이 생기는 거니 윈윈이라고 생각하라는 것이셨지요. 그렇게 윈윈으로 삼기로 하며 다시 도전해보기로 했습니다.

하지만 발레단에서 새로운 일들을 맡게 되자 학교 수업과의 병행이 너무 큰 스트레스라는 것을 다시금 깨닫게 되었습니다. 어딘가라도 특별한 구석이 있는 공연을 맡게 되면 제 최대치를 쏟고 싶었거든요. 그러니 학교 수업까지 듣는 건 힘에 부친다고 느꼈어요. 저는 제가 최선을 다하지 못한다는 기분이 드는 게 싫었습니다. 그래서 다시 학교를 잠시 쉬기로 결정했어요.

그러다 수석 무용수가 되었을 무렵의 저는 이미 발레단 일도 몸에 익었고, 스트레스를 감당하는 방법도 배우는 중이었어요. 그래서 포드햄 대학교의 필수 강의 중 하나인 신학 수업을 신청했습니다. 매주 월요일 저녁이 되면 제 일상을 벗어나, 다른 곳과는 단절된 것 같은 조그마한 학문의 공간으로 들어가선 우주와 존재론적인 질문에 대해 토론했습니다. 저는 유타주 출신이기 때문에 제 고향의 모든 사람들은 저를 제외하고 같은 종교를 가지고 있었습니다. 그렇기에 그토록 다양하면서도 똑같이 존중받는 종교적 견해를 듣는 것이 제겐 정말 새로웠습니다. 그렇게 저는 교수님의 지도하에 이루어지는 그룹 토의의 가치를 깨닫게 되었어요. 매주 토의를 하고 나면 스스로 새로워지는 느낌이었고, 영감도 받았습니다.

제게 학교란 매우 치열하고 자그마한 발레라는 세계에서 균형을 잡게 도와준 곳이었습니다. 우리가 인생을 바치는 공간인 극장에서는 우리가 하는 모든 일이 생사를 결정짓는 느낌입니다. 모두가 완벽을 추구하며, 각자 일을 매우 진지하게 받아들이는 사람들이 모여 있는 곳이죠. 그렇기에 저는 스트레스를 한 단계 낮춰야 할 필요를 느꼈습니다. 학교라는 곳에 에너지를 추가로 쏟겠다고 결심하고 나자, 전혀 다른 건물에서 일주일에 단 3시간만 발레가 아닌 것에 집중할 수 있다는 사실에 큰 해방감을 느꼈어요. 한 걸음 물러서서 새로운 관점을 가질 수 있는 저만의 방법이었죠. 제 삶에 발레 이외의 다른 부분을 더하는 것은 활력을 재충전하는 데 상당히 도움이 되었습니다. 제 몸이 아니라 뇌를 쓰게 되었죠. 저 자신을 무용수만으로 규정짓지 않고, 또 어쩌면 스스로를 너무 진지하게 받아들이지 않는 기회가 생긴 것이었어요. 그렇게 학교 수업을 끝내고 극장으로 다시 돌아가면, 모든 것이 새롭게 보이는 느낌을 받았습니다.

당연하게도, 이렇게 신학 수업을 통해 그룹 수업과 토의의 가치에 눈을 뜨고 나자 저는 이 생활에 매혹되었습니다. 학교에 가서 수업을 듣는 것은 제 삶을 풍성하게 할 뿐 아니라, 전반적인 행복의 수준을 높여줄 것처럼 보였어요. 이제 일과 학교를 병행할 수 있을 정도로 어느 정도 나이도 들었고요. 이 둘을 병행하는 것이 예전처럼 제 에너지를 뺏는 것이 아니라 오히려 제게 동력으로 작용하며 에너지를 주고 있었습니다. 물론 인생에 있어 새로운 무언가를 더하는 것이 좋지 않은 때도 있습니다. 하지만 우리 스스로, 우리의 재능이, 우리의 뇌가 확장될 수 있도록 안주하지 않는 것이 중요해요. 정확히 언제가 좋은 시기인지 확실하게 말씀드릴 수는 없겠지만, 앞으로 나아가다 새로운 기회를 맞닥뜨렸을 때 열린 마음으로 받아들일 수 있게 정신적인 공간이 있는지 점검하는 것도 중요합니다. 저는 계속 의지를 가지고 이 문을 계속 두드렸던 것이 기쁩니다. 타이밍이 결국 맞게 되었을 땐 이미 학교를 다닐 준비가 최대한 되어 있었기 때문이지요.

그다음 학기에는 수업 두 개를 신청했고, 그 뒤로 한 번도 뒤돌아보지 않았습니다. 이미 풀타임으로 일을 하고 있었기 때문에 졸업 시기에 대한 부담도 느끼지 않았어요. 제 최대 목표는 춤을 그만 출 때 즈음에는 학교도 졸업해야겠다는 것이었어요. 수석 무용수는 보통 35~45세에 은퇴합니다. 투어로 정말 바쁜 학기에는 한 수업만 들었어요. 다른 때에는 두 개를 들어도 괜찮았습니다. 가끔은 아예 휴학을 하기도 했습니다. 한 번은 결혼식을 준비하기 위해서였고, 다른 한 번은 브로드웨이 공연 때문이었습니다. 하지만 대부분은 수업을 최소 하나, 종종 두 개는 들곤 했습니다. 아주 가끔 학교 수업이 리허설과 겹치는 경우에는 수업을 건너뛰는 대신, 이후에 만회를 했습니다. 병행을 하는 것이 항상 쉽지는 않았지만, 학교를 다니면서 제 삶에 균형감과 행복감이 더해졌기 때문에 충분히 노력할 만한 가치가 있었습니다.

마침내 첫 영어 수업으로부터 15년이 지난 뒤, 저는 경제학과 수학 전공으로 숨마쿰라우데 summa cum laude 인 최우등 졸업을 하게 되었습니다.

저는 항상 수학이 제일 좋았어요. 수학으로 뭘 하게 될지는 전혀 몰랐지만, 그저 수학이 쉬웠고 수학이 좋았기 때문에 수학 공부를 하고 싶었습니다. 처음에 발레를 시작할 때도 발레로 어디까지 갈지 몰랐던 것과 마찬가지죠. 그냥 발레가 좋아서 했던 것처럼, 수학도 어떤 기대 없이, 그저 과정을 즐기면서 공부를 했습니다.

발레와 수학 공부는 잘 맞았어요. 리허설 중간 중간에 수학 문제를 풀 수 있었기 때문에 적어도 저는 그렇게 생각했습니다. 교과서를 읽다가 혹은 페이퍼를 쓰다가 멈추고 다시 시작하는 것보다는 수학 문제를 풀다가 멈춘 뒤, 춤을 추고 돌아와서 다시 시작하는 것이 훨씬 쉽죠. 전자의 경우는 생각을 처음부터 다시 해야 하고, 가끔은 읽었던 자료를 다시 처음부터 새로 읽어야 할 때도 있어요. 하지만 수학 문제의 경우에는 하나건 두 개 이상이건 짧은 휴식 시간을 활용해서 풀 수 있었습니다. 그래서 몇 년 동안이나 제 의상실 자리에는 항상 수학 문제집이 놓여 있었어요. 항상 제 자리의 머리핀과 무대 메이크업 도구들 사이에 교재가 펼쳐져 있었습니다. 저와 의상실을 함께 썼던 스털링 하일틴Sterling Hyltin이라는 친구는 의상실에 들어왔을 때 공책에 고개를 파묻고 있는 저를 발견해도 인내심을 가지고 지켜봐주었답니다.

15년이라는 세월은 목표를 달성하기에는 긴 시간입니다. 처음에는 학부 졸업에 그렇게나 많은 시간이 걸렸다는 게 부끄러웠어요. 우습기도 하고, 한편으로는 약간 한심하기까지 했습니다. 하지만 왜 그렇게 오래 걸렸는지 스스로 일깨워주기로 했습니다. 학부를 하면서 동시에 훌륭한 커리어를 쌓아가고 있었던 상황이니 졸업을 했다는 것 자체도 엄청난 성과였습니다. 만약 처음부터 누군가 제게 그렇게 오랜 시간이 걸릴 것이라 이야기 했다면, 아마 시작조차 하지 않았을 수도 있습니다. 하지만 저는 결과를 기대하는 대신 그저 서서히 여정을 즐기며 하나하나 쌓아왔어요. 일을 하는 데 학위가 필요한 것은 아니었기 때문에, 학교를 가는 것은 제게 취미생활과도 같았습니다. 학교생활 덕분에 저는 좋은 자극을 받았고, 에너지도 얻었습니다. 결국 학위가 중요하다기보다 제 마음이 건강하고 즐겁기 위한 것이었어요. 제 삶을 더욱 풍성하게 만들어주었기 때문에 학교를 다녔던 거죠.

하지만 저는 태생적으로 계획형 인간입니다. 어린 시절부터 저는 오전에 체크리스트를 만들어서 하나씩 끝낼 때마다 체크하는 것을 좋아했어요. 심지어 어머니 말에 따르면 아홉 살 때는 헬로키티 배경의 종이에다 아주 웃긴 스케줄표를 만들었는데, 하루의 첫 해야할 일이 '일어나기'였고, 5분 뒤에는 '아래층으로 내려가기'를 적어두었다고 합니다. 그 외에도 30분 동안 독서하기, 과제하기, 춤 연습하기, 복근 운동하기가 포함되어 있었다고 해요. 어릴 때부터 그랬다니 웃음이 납니다.

결론은, 학위가 당장 필요해서 학교에 다닌 것은 아니지만, 은퇴 후에 도움이 되리라는 점은 좋았습니다. 저는 발레를 제 인생의 전부로 삼을 생각이 없었습니다. 항상 또 다른 무언가를 기대하고 싶었어요. 정확히 그다음 단계가 무엇일지 정의하지 않았었지만, 일단 학부를 졸업하면 선택지가 더 많아질 것이라는 점은 알고 있었습니다.

정작 학부를 졸업한 뒤에는 무엇을 해야 할지를 두고 약간 헤맸습니다. 지금 남편은 제가 수학과 학교생활을 너무 좋아하는 것을 알고 있었고, 제가 삶에서 무엇을 원하는지도 잘 알고 있었기 때문에 제게 MBA가 잘 맞을 것 같다고 추천해주었어요. 처음에는 무용수로서 대학원에 진학하는 것, 게다가 무려 MBA를 밟는다는 것은 너무 어렵게 느껴졌고, 손 닿을 수 없는 일처럼 느껴졌습니다. 그렇지만 행동으로 옮기기로 결심했어요. 그간 하던 수학 과제들을 GMAT(경영대학원 입학시험) 공부로 대체했습니다. 그해 여름, 발레단에서 다 같이 새러토가스프링스로 투어를 갔을 때, 저는 숙소의 다른 사람들보다 몇 시간 일찍 일어나서 GMAT 플래시카드로 공부하고 연습 시험을 봤습니다. 모든 추천 교재도 챙겨 갔죠. 저는 성취지향형 인간인 만큼 모든 추천 연습 문제를 풀고 학습 가이드를 따르는 것에서 큰 만족감을 느꼈습니다. 그런데 이게 무슨 일이죠? 처음 연습 시험을 세 번 쳐봤는데 나아질 기미가 안 보이는 것이었습니다. 완전히 패닉에 빠졌죠. 경영대학원에 갈 만큼 똑똑하지 않나보다 생각하며, 한 동안 책을 멀리했습니다.

그로부터 몇 주 뒤, 저는 다시 마음을 다잡고 개인 과외를 구했습니다. 그때 도움을 구하기 위해 썼던 돈은 제 평생 가장 잘 쓴 돈이라고 생각합니다. 과외 선생님께서는 제가 풀었던 시험지를 훑어보시더니 제가 지속적으로 틀리는 문제 유형을 바로 파악해주셨어요. 그리고 GMAT 시험용 팁도 약간 알려주셨습니다. GMAT가 힘든 이유는 문제 자체가 어렵다기보다 문제 푸는 팁을 모르면 푸는 데 한참이 걸린다는 점이었습니다. 계산을 해보면 한 문제당 2분밖에 주어지지 않는데 2분은 정말 금방 가거든요. 그래서 선생님께서는 비슷한 유형의 문제를 금방 파악하는 법, 유형별 문제를 빨리 접근하고 푸는 법 등을 알려주셨습니다.

또, 제가 관심 있는 학교에 입학하려면 몇 점을 맞아야 하는지 알아보고 목표 시험 점수도 함께 정했습니다. 그러다 연습 시험에서 그 정도 점수가 나오자, 실제 시험을 치뤄보기로 했어요. 시험 당일에는 그야말로 스트레스로 똘똘 뭉쳐 있었습니다. 시험장에 너무나 일찍 도착한 나머지, 건너편 스타벅스에서 한 시간 정도를 떼워야 했습니다. 최대한 마음을 여유롭고 편하게 두려고 했지만, 말처럼 쉽지는 않았습니다. 시험은 총 세 시간 정도면 끝이 나는데, 정말 정신력을 시험하는 시간이었어요. 앞부분 질문 몇 개가 전혀 처음 보는 것이었다는 점이 기억납니다. 연습문제를 통해 공부했던 유형과는 완전히 달랐어요. 물론 아닐 수도 있어요. 그저 제가 너무 긴장해서 생각을 제대로 못한 것일 수도 있습니다. 하지만 어찌 되었건, 그 옛날 첫 공연으로 사탕 요정의 춤을 췄을 때 무대 밖으로 뛰쳐나가고 싶었던 충동이 들었던 것처럼 GMAT 시험장에서는 겨우 첫 세 문제를 봤을 뿐인데 가방을 챙겨 집으로 가고 싶은 마음이 들었습니다. 두려웠어요. 그러던 중, 과외 선생님과 같이 연습했던 유형의 문제를 마침내 발견하게 되었고 자신감이 차올랐습니다. 그렇게 어찌어찌 시험을 다 치를 수 있었어요.

마지막 GMAT 문제를 풀고 나면 점수가 갑자기 화면에 뜹니다. 아직 받아들일 준비가 안 된 상태에서 점수를 보기 때문에 순간 숨이 멎는 느낌이 나요. 믿을 수가 없었습니다. 제 목표보다도 점수가 높았어요. 시험을 다시는 볼 필요가 없다는 의미였습니다!!! 그날 밤 집으로 돌아온 저는 몹시 어려운 발레 공연을 끝마친 기분이었습니다. 그 모든 고생과 스트레스와 걱정과 두려움이 갑자기 아드레날린이 최고조인 상태로 둔갑하죠. 공연 때와 마찬가지로 준비 단계에서는 최선을 다하면서 결국 다 잘 될 것이라는 마음을 가져야 합니다. 그 결과 정말 잘되고 나면 그만한 보상이 없죠!

그렇게 저는 다시 학교로 돌아왔습니다. 이번에는 뉴욕대학교 스턴경영대학원 NYU Stern School of Business에 입학을 했고, 다시 한번 발레와 학교 사이에서 균형을 잡고 있어요. 이번에는 가정도 있는 데다 예전처럼 직장 바로 맞은 편에 학교가 있는 것이 아니라 조금 더 어렵긴 합니다. 하지만 그래도 충분히 가치가 있습니다.

요즘에는 아이들이 어린이집에 있을 때의 시간을 최대한 활용합니다. 아이들은 끊임없이 무언가를 원하기 때문에, 아이들이 있을 때 집중을 하거나 오랫동안 골몰하는 것은 불가능합니다. 그리고 딸아이들과 함께하는 매시간을 최대로 만끽하고 싶기도 해요. 그래서 수업, 리허설, 공연 중간중간 시간이 비면 아이가 없을 때처럼 친구들과 수다를 떨거나 근처에 쇼핑을 가는 대신, MBA 과제를 합니다. 그러면 시간을 낭비하지 않을 수 있어요. 또, 저녁 공연이 없는 날이면 남은 하루는 아이들과 오롯이 보낼 수 있겠다고 생각하며 아이들을 데리러 가죠.

많은 분이 학교 공부 같은 다른 일을 하게 되면, 정작 중요한 일에서 집중하지 못하게 된다고 생각하는 것 같아요. 하지만 저는 오히려 그 덕분에 제 일에서도 성공할 수 있었습니다. 발레 스튜디오 밖에서 열중할 수 있는 것을 찾은 덕분에 커리어에서 느끼는 스트레스가 줄어들었거든요. 캐스팅에 대한 스트레스, 내가 아는 최고의 모습을 공연 때도 발휘해야 한다는 부담에서 오는 스트레스… 등이요. 삶을 여러 갈래로 나누었기 때문에 가장 중요한 목표 하나에만 목을 매지 않게 된 것이죠.

또 그 덕분에 제가 자부심과 뿌듯함을 느낄 수 있는 일들이 늘어나기도 했어요. 만약 저에게 발레 하나만 있었는데 공연이 잘

안 되었거나 캐스팅이 많이 안 되었다면, 악순환에 빠져서 성공에서 더욱 멀어졌을 것입니다. 하지만 페달에서 발을 약간 떼며 다른 것에도 에너지를 쏟도록 스스로 허락한 덕에, 저는 더 이상 발레에만 집착하지 않게 되었고, 아이러니하게도 그 덕분에 춤도 더 잘 출 수 있게 되었습니다.

발레 스튜디오 밖에서 열중할 수 있는 것을 찾은 덕분에 커리어에서 느끼는 부담이 줄어들었습니다. 저는 더 이상 발레에만 집착하지 않게 되었고, 아이러니하게도 그 덕분에 춤도 더 잘 출 수 있게 되었습니다.

# 9장
# 두려움 없이 휴식하기

휴식기를 보낸 후 더 강한 모습으로 복귀할 수 있을까?

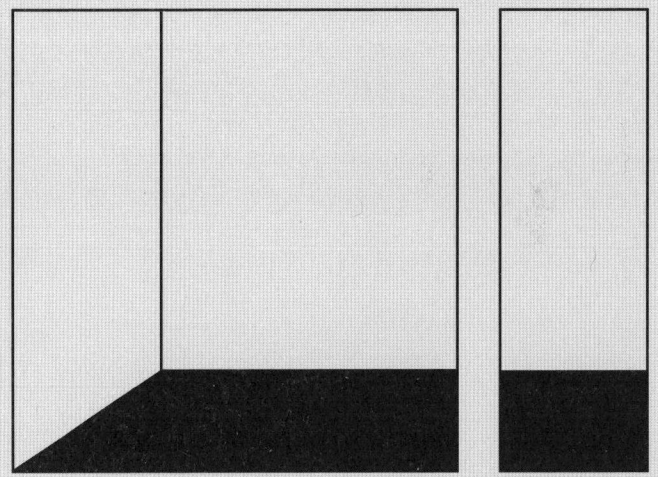

무용수에게 휴식이란 늘 약간 두려운 대상입니다. 번아웃이 오고 녹초가 되었을 때에도 일주일 정도 쉰 다음, 곧바로 다시 달릴 준비를 하죠. 몸이 연습에 중독되기도 하고, 마음 역시 발레를 하며 표정을 짓는 순간의 평온함을 갈망합니다. 또, 솔직히 그토록 열심히 연습한 것이 사라지기를 원치 않기 때문이기도 합니다. 무용수들은 매일 몇 시간씩이나 몸의 모든 부분을 갈고닦으며 근육 기억력과 힘을 키웁니다. 그래야 무대에 올라 관객 앞에서 공연할 때에도 원하는 방식으로 몸을 움직일 수 있습니다.

그런 만큼 많은 무용수는 장기 휴식을 두려워합니다. 무용수가 아닌 분들을 위해 설명을 드리자면, 장기 휴가란 마치 프로젝트 하나에 몇 주 혹은 몇 달을 쏟았는데, 깜빡하고 파일을 컴퓨터에 저장하지 않아서 파일이 다 날아가버린 상황을 만드는 것과 같습니다. 마치 제반 조건이 모두 갖추어진 선수의 몸에서 다시 일반 사람의 몸이 되어버리는 것 같아요. 여기서 더 많은 시간이 지나버리면 아예 처음부터 훈련을 다시 시작해야 하죠.

거기다 테크닉을 잊어버릴 수 있다는 두려움도 있습니다. 무용수가 아닌 분들께 테크닉에 대해 설명드리자면, 테크닉이란 몸의 동작을 정렬하고 개시하는 방법이라고 할 수 있습니다. 예를 들어, 파세passe\*를 할 때에도, 그냥 다리를 들어서 한쪽 발가락을 다른 쪽 다리의 무릎에 갖다대는 것이 다가 아닙니다. 제대로 파세를 하려면 먼저 서 있는 다리로 무게중심을 옮겨야 합니다. 그래야 움직이는 다리(즉, 들어 올리는 다리)의 발가락을 뒤로 빼고 발꿈치를 앞으로 가져오는 쿠페coupe\*\* 동작을 아름답게 잡을 수 있죠. 그다음에, 다리를 더 높이 무릎까지 들어 올려서 완전한 파세 동작을 하는 것입니다. 이때, 올라간 다리의 발꿈치를 계속해서 앞으로 밀면서 동시에 같은 쪽 무릎은 뒤로 옆으로 밀어내야 합니다.

피루엣, 즉, 파세를 하며 턴을 하는 동작의 경우에도 그냥 플리에plie\*\*\*에서 바운스를 해서 몇 번 턴을 하며 도는 것이 아닙니다. 우선 5번 포지션fifth position\*\*\*\*에서 아름다운 플리에를 하는 것에서 시작합니다. 이때, 턴을 하는 힘을 얻으려 앞발을 3번 포지

---

\* 한쪽 발의 끝을 다른 쪽 다리의 무릎에 대는 발레 동작
\*\* 발끝을 바닥에서부터 끌어올리는 동작
\*\*\* 다리를 턴아웃한 상태에서 무릎을 구부리는 발레 동작
\*\*\*\* 다리를 앞뒤로 붙인 상태에서 교차하되, 앞 발꿈치와 뒷 엄지발가락 끝이 닿게 하는 발레 동작

션<sup>third position</sup>*으로 변형하지 않도록 주의해야 합니다. 또, 플리에를 더 깊게 (하지만 더 인위적으로) 하려다 뒤쪽 힙이 튀어나오지 않도록 해야 합니다. 이제 이렇게 완벽한 플리에가 된 상태에서, 각 발에 무게중심을 똑같이 실어야 합니다. 그리곤 아래쪽에서 위로 밀어서 무게중심을 축이 되는 쪽 다리로 옮겨야 합니다. (위에서 설명했던) 파세로 가는 이 아름다운 여정에서 힙과 어깨는 똑바로 정렬된 상태여야 하며, 서 있는 다리 쪽 팔을 이용해 회전을 해야 합니다. 파세를 하는 쪽 힙은 아래로 내려가 있어야 하며, 위쪽 허벅지가 제대로 회전을 해서 고관절과 딱 맞도록 해야 합니다. 종종 골반이 치우쳐 있어서 충분히 턴아웃하지 않은 상태에서 파세를 한다거나, 5번 포지션의 앞발이 플리에가 끝날 즈음에 삐져나와서 막상 턴을 하려고 할 때는 무게중심이 서 있는 쪽 다리에서 멀어진다거나, 팔과 다리를 같이 잘 움직이지 못하는 실수가 발생하곤 합니다.

저는 방금 단 두 개의 짧은 스텝에 대해서만 설명했습니다. 전체 발레 공연을 하는 무용수라면 머릿속에서 어떤 일이 벌어질지 상상해보세요! 한 포지션에서 다른 포지션으로 이동할 때 몸의 모든 부분이 정확히 정의된 경로를 따라가야 합니다. 그 경로를 벗어나면 테크닉이 나쁘다고 판단하죠.

---

\* 5번 포지션과 비슷하되 양발이 완전히 겹치지 않는 동작

마치 양파를 제대로 써는 법을 배우는 것과 같습니다. 이때도 옳은 방법이 있고, 틀린 방법이 있죠. 옳은 방법은 효율적입니다. 칼날 끝을 아래로 두어서 손가락이 베일 위험을 줄여주고, 더 빠르고 깔끔한 데다 무엇보다 전문적으로 보이죠. 반면에 한 번 썰 때마다 칼을 도마에서 드는 잘못된 방법의 경우, 손이 베일 확률이 높아지는 데다 양파도 일정하게 잘리지 않게 됩니다.

다시 춤으로 돌아와서, 완벽한 테크닉은 그만큼 동작을 정확하고 효율적으로 할 수 있게 해주고, 그 결과 더 빠르게 움직일 수 있게 해줍니다. 또, 더 안전하기도 합니다. 많은 무용수가 대부분 발이 잘못 꺾인 상태에서 동작을 하다가 발목을 접지르기 때문에, 완벽한 테크닉을 구사하는 것은 칼끝을 아래로 두어서 부상을 예방하는 것과 마찬가지로 안전합니다. 결과물이 프로답게 보이기도 하고요. 테크닉이야말로 프로의 춤과 아마추어의 춤을 구분 짓는 요소인 것입니다.

2010년, 저는 어쩌면 너무 길게 휴가를 썼던 것 같아요. 뉴욕시티발레단에서의 봄 시즌이 끝나고 시칠리아에서 공연하기 전까지 3~4주 정도 휴가를 내어 결혼을 하고 신혼여행을 갔습니다. 이것이야말로 약간 내려놓기 좋은 이유가 아닌가 싶었죠! 하지만 발레리나의 삶 속에 개인적인 삶을 욱여넣기란 정말 어렵습니다. 발레를 하는 사람들은 휴가도 아무 곳으로나 갈 수가 없어요. 제대로 몸을 관리하기 위해서는 충분한 공간과 발레 바, 그리고 말리 고무판marley dance floor*으로 된 스프링 바닥이 있는 스튜디오가 필요합니다. 하지만 신혼여행으로 갔던 세인트루시아Saint Lucia의 리조트에는 제대로 된 댄스플로어가 없었어요. 일반 리조트에 그런 것이 편의시설로 구비되어 있을 리가 없죠. 그렇게 신혼여행을 가면서 소중한 공연 준비 기간도 날아가게 되었습니다. 뉴욕으로 돌아오고 나면 준비 기간이 3일밖에 남지 않게 되었습니다. 그 3일 동안 정말 정신을 차리고 본격적으로 연습을 해야 한다는 것은 알았지만, 충분히 가능할 줄 알았습니다. 제 근육이 기억을 할 줄 알았던 거죠.

나중에 얼마나 후회를 했던지요! 그렇게 아팠던 적은, 혹은 그렇게 아팠던 채로 공연을 했던 적은, 태어나서 처음이었습니다. 이번에 공연했던 작품은 〈타란텔라Tarantella〉(무용수에게는 마라톤과도 같은 작품입니다.)와 〈후케어스Who Cares?〉의 변주였는데, 와 정말, 종아리가 제게 악을 지르는 느낌이었어요. 스튜디오로 돌아온 첫날, 저는 발레바와 센터를 제대로 연습한 뒤, 전체 공연을 바로 연습했습니다. 많은 체력이 필요한 발레 연습만큼 몸을 다시 준비시킬 좋은 방법이 어디 있을까요?

네, 이때 제 근육은 무엇을 해야 할지 잘 기억하고 있었습니

---

\* 검은 고무로 된 댄스플로어

다. 하지만 그 근육들을 쓰기 위해 제 몸이 무리를 해야 했죠. 다음 날 저는 겨우 걸을 지경이었음에도 다시 일어나 몸을 써야 했습니다!

근육의 젖산 때문에 엄청난 아픔을 느꼈어요. (특히 체력이 부족한 상황에서) 에너지를 강력하게 발산해야 할 때, 근육은 무산소호흡 상태로 전환됩니다. 그 부산물로 근육에 젖산이 축적되죠. 종아리를 만지는 것만으로도 통증을 느낄 지경이었습니다. 하지만 선택지가 없었기 때문에 그 고통을 뚫고서라도 연습하지 못한 시간을 만회해야 했습니다.

공연 자체는 잘 마무리되었습니다. 하지만 정작 저는 시칠리아의 북서쪽 해안 지역의 팔레르모라는 도시에서 이루어지는 야외 무대 공연을 즐기기에는 너무 고통스러운 상태였습니다. 멋진 경험이었지만, 제 기억에 남는 것이라곤 좀 더 빨리 연습을 시작할 걸 하는 후회뿐이었습니다.

저는 그저 딱 한 번만이라도 아름다운 해변에서 휴가를 즐기며 발레 생각을 안 해도 되는 나날을 기대했을 뿐이지만, 안타깝게도 저희 일에서는 지름길이란 없다는 점을 어렵게 배워야 했어요. 공연에 최적인 상태로 준비가 되어 있거나, 그렇지 않거나 둘 중 하나일 뿐이죠. 준비가 안 되어 있다면 엄청난 고통을 겪을 것이고 부상을 당할 수도 있습니다. 두말할 필요도 없이 다음부터 다시는 이런 시간을 가지지 않았어요!

그 이후, 발레단에 휴직계를 쓰고 1년여간 브로드웨이에서 공연할 기회가 생겼을 때, 발레단에서 가장 우려했던 것은 제 테크닉이 녹스는 것이었습니다. 제 춤의 대표적인 특징이자, 저와 다른 사람들을 차별화하는 것이 바로 테크닉이었는데, 만약 1년이나 치열한 발레 연습을 쉬게 되면 저만의 강점이 사라질 수도 있는 것이었죠. 하지만 당시 저는 이미 서른 살이었고, 제가 어떤 스텝을 왜 잘하는지 알고 있는 상황이었습니다. 가장 어려운 발레를 할 때도 스스로 스텝을 바로잡고 수정해서 일관성을 유지할 수 있는 상황이었죠. 이걸 알고 있었기 때문에 마음 편히 떠날 수 있었습니다.

브로드웨이 공연 계약을 할 시점에는 공연이 얼마나 지속될지 아무도 모릅니다. 그런데 제가 참여했던 공연은 성공적이어서 결국 1년 조금 넘게 이어졌어요. 브로드웨이 공연 자체가 워낙 기진맥진하게 힘들기 때문에, 그 1년 동안은 발레를 제대로 연습하지 못했어요. 다시 발레리나로 돌아가려면 제 몸을 완전히 다시 훈련시켜야 한단 건 알고 있었습니다. 〈온 더 타운〉 공연의 마지막 몇 달 동안은 스쿨오브아메리칸발레학교 여름 과정이 시작될 때이기도 해서 발레 수업과 브로드웨이 밤 공연을 병행했습니다. 저는 마치 학생인 것처럼 매일 수업에 참여했어요.

발레 수업은 전부 포인트 슈즈$^{pointe\ shoes*}$를 신고 진행이 되었는데, 그러다 보니 제 몸의 근육이 원래 모습으로 돌아가는 느낌을 문득 받게 되었어요. 저는 제 허벅지 근육이 1년 동안 약 8cm 높이의 힐을 신고 춤을 추면서 익숙해진 방식과는 다른 방식으로 늘어나는 것을 느끼고 놀랐습니다. 제 '발레리나의 몸'을 다시 되찾게 되니 얼마나 새롭던지요!

  브로드웨이 공연을 하고 나자, 저는 제가 있어야 할 곳은 발레계라는 것을 깨닫게 되었습니다. 1년여간 하이힐을 신고 섹시한 역할을 하며 제 능력의 한계치를 늘리다, 다시 제 안전지대로 돌아와 제가 가장 잘하는 발레를 하게 되니 마음이 놓였어요. 포인트 슈즈를 다시 신으니 고향에 온 것 같았고, 제가 완전히 자신할 수 있는 능력을 다시 쓰게 되니 정말 좋았습니다.

  브로드웨이에서 배운 또 하나는, 그저 저 자신이 되어도 충분하다는 점이었습니다. 저는 발레를 하며 거의 평생을 완벽한 발레리나의 틀에 맞추기 위해 노력해왔습니다. 늘 동작을 수정해야 했고, 예술적으로나 기술적으로나 늘 춤을 분석하고 발전을 하는 것이 당연했습니다. 반면 브로드웨이에서는 감독님이나 안무가께서 제 접근 방식에 대해 피드백을 해주신 경우가 거의 없었어요. 저는 항상 이분들이 저를 불러다 "이 캐릭터는 이런 모

---

\*  발끝으로 설 수 있게 도와주는 특수한 발레 슈즈

습이 더 부각되어야 하니, x, y, z를 더 개선해야 해요."라고 말하기를 기다리고 있었지만 한 번도 그런 적이 없었습니다. 그분들이 저 자체를 좋아해주시고, 배우로서 저의 본능을 믿는다는 점을 서서히 인지하게 되었습니다. 저 자체로 충분하다는 느낌을 받게 되는 것은 정말 눈이 번쩍 뜨이는 기분이었습니다. 발레를 할 때는 한 번도 그런 느낌을 받은 적이 없었어요. 항상 모든 것들이 더 개선될 여지가 있었기 때문이죠.

1년 동안 '나 자체로 충분하다.'라는 마음가짐으로 살면서 해방감을 느꼈습니다. 마치 매일 밤 같은 공연을 하는데 관객들이 다르게 반응하는 것을 배웠을 때처럼, 이런 태도는 공연하는 사람으로서 제게 큰 가르침을 주었습니다. 저는 제 본능을 믿는 법, 그저 저 자신인 채로 편안한 법, 관객들에게 공연을 납득시키는 법을 배웠습니다!

이때 배운 새로운 기술과 깨달음은 발레로 돌아온 뒤에 제 커리어를 바꾸어놓기도 했습니다. 무엇보다 저는 발레계로 돌아오기를 갈망하고 있었습니다. 저는 발레리나로서 그 어느 때보다도 저에게 확신이 있었고, 제가 늘 그리던 디바로서의 자신감을 완전히 장착할 수 있었습니다. 사람들도 제가 돌아온 뒤 더 나아졌다고 이야기를 해주었고, 저도 무대에서 오롯이 자유로움을 느꼈어요. 마침내 발레가 즐거워졌습니다. 저는 더 이상 공연 막이 오르기 전에 "거의 끝났다."라는 말을 하지 않게 되었습니다.

웅장한 오케스트라의 라이브 연주에 맞추어 춤을 추는 것은 축복이라는 점을 느끼며 무대의 매 순간을 온전히 즐겼어요.

물론 1년간 브로드웨이에서도 노래하고 춤을 추고 있었기 때문에, 발레를 떠난 시간이 완전히 휴식이라고는 볼 수 없겠지만, 발레계와 거리를 두었던 시간임은 분명합니다. 그렇게 거리를 두면서 제가 있는 곳의 풍경을 바꾸어보지 않았더라면, 저는 제가 배웠던 인생의 교훈을 절대 배우지 못했을 거예요. 발레로 가득 찼던 일상에서 벗어나 새로운 관점이라는 멋진 선물을 받게 되었고, 그 덕에 저는 아티스트로서 저의 위치를 더 잘 이해할 수 있게 되었습니다.

그로부터 몇 년 뒤, 즉 이혼과 브로드웨이 공연 이후에 저와 제 새로운 파트너는 가정을 꾸리기로 결정했습니다. 종종 사람들은 무용수가 아이를 가지는 건 끝의 시작과도 같다고 생각합니다. 커리어가 정체되기 시작하는 시점이라는 것이죠. 하지만 저는 브로드웨이 공연 당시처럼 출산휴가를 내고 무대를 떠나 있으면서 무대로 돌아가고 싶은 마음이 오히려 강해졌습니다. 아이를 낳고 6주 후 다시 연습을 시작할 때 제 몸은 어느 때보다도 춤을 갈망하고 있었어요. 몸집이 작은 저는 3.6kg 정도 되는 큰 아기를 낳았습니다. 그래서 출산이 임박했을 즈음에는 거의 움직이지도 못하는 지경에 이르렀어요. 마지막 한두 달 즈음에는 침대나 소파에서 일어나는 것만으로도 버거웠으니까요.

　제왕절개를 한 뒤 첫 몇 주는 혈액응고가 안 되도록 매일 걸었습니다. 그러던 것이 매일 유모차를 끌고 45분여간 산책을 하는 습관으로 발전했어요. 6주가 지난 뒤, 저는 운동을 해도 좋다는 허락을 받았고, 임신 기간의 대부분을 버티게 해준 수영장 풀로 돌아갔습니다. 원래는 그냥 한 바퀴 정도만 돌고, 발레 바 연습도 아주 간단하게만 하고 집으로 돌아갈 생각이었습니다. 그런데 막상 물에 들어가서는 한 시간을 있었습니다. 수영으로 스무 바퀴를 돌고는 물속에서 발레 바 동작까지 끝냈어요. 그리고 다음 3주 내내 그렇게 운동했습니다. 제 몸은 다시 움직이기를 갈망했고, 저는 더는 사람 한 명을 지니고 있지 않다는 점이 정말 자유롭고 기뻤어요.

　저는 출산 후의 훈련을 매우 즐겼습니다. 몸이 그토록 많이 변화하는 것을 보는 건 기이한 실험과도 같았습니다. 마치 원석을 깎아내어 아름다운 조각을 만드는 것과 같았어요. 저는 임신 기간 동안 약 13.6kg 이상이 쪘는데, 다시 몸을 깎아내며 근육을 찾고 자세를 원상태로 돌려야 했습니다. 희한하게도 재미있더라고요. 저는 그 도전을 즐겼습니다. 아마 제가 발레리나로 성공할 수 있었던 이유 중 하나도, 제가 공연을 하는 것만큼이나 무대 뒤의 시간들을 즐겼기 때문이라고 생각합니다. 저는 몸을 다듬어가는 과정과 한바탕 운동을 한 다음의 기분, 그리고 제 생각보다도 더 많이 해내도록 정신력을 쓰는 것을 좋아하는 사람이에요.

제가 빨리 회복을 할 수 있었던 것은 거의 다 필라테스 덕분입니다. 저는 일주일에 두 번 필라테스 선생님을 만나 매번 두 시간 정도 미친 듯이 필라테스를 했습니다. (전부 새로 시작할 수 있다는 생각만으로도 기뻐서 힘들게 느껴지지도 않았습니다.) 제 몸은 재빨리 예전 상태를 기억해냈어요. 출산 후 5개월 뒤, 저는 다시 무대에 올라 공연을 하고 있었습니다. 관객들은 제 얇은 레오타드leotard* 밑으로 제 배 쪽 근육이 다시 자리잡게 도와주는 보호대가 있었단 것을 몰랐을 겁니다.

저는 임신과 출산을 겪으며 복직근 분리를 경험했습니다. 이는 복직근(식스팩의 중간선) 사이가 손가락 네 개 정도가 들어갈 크기로 벌어지는 현상을 말합니다. 산부인과 선생님께서 훌륭한 복직근 분리 치료사를 소개해주신 덕에 몇 달 동안 밤낮으로 복근 보호대를 찼고, 근육을 회복할 수 있는 운동도 배웠습니다. 그 덕에 완전히 예전처럼은 아니어도 거의 비슷한 수준으로는 돌아올 수 있었어요. 그중에서는 아라베스크를 원래처럼 구현하는 데 가장 오랜 시간이 걸렸습니다. 아마 복근을 회복하는 것이 절실했기 때문에, 그 부분 근육을 열기 두려워해서일 수도 있습니다. 출산을 하고 1년이 더 지나서야 예전처럼 아라베스크를 구현

---

\* 다리를 제외하고 몸을 감싸는 옷으로, 체조, 발레 등에서 입는 옷

할 수 있었어요.

　브로드웨이 공연과 출산을 하며 두 번의 오랜 휴식기를 가진 뒤 제가 가장 놀랐던 부분은, 휴식 후 더 큰 성공을 거두었다는 것입니다. 아마 시간을 가지게 되면서 정말로 다시 돌아가고 싶은 열망이 컸고 발레리나로의 저를 다시 느끼고 싶은 마음이 너무나 강했기에 결과적으로 더 나은 무용수가 되었을 것이라 확신합니다.

　위대한 무용수가 되려면, 아니 무엇이 되었건 위대한 경지에 오르려면 엄청난 헌신과 노력이 필요합니다. 하지만 가끔은 스스로 거리를 두겠다는 대담한 선택을 한 후, 한 번도 떠나지 않았을 때보다 오히려 더 나은 결과를 얻기도 합니다. 마치 설거지를 할 때와 같아요. 그릇을 여러 번 문질러서 닦아도 되지만, 가끔은 그저 하루 정도 물에 불리는 것이 필요할 때도 있습니다. 가끔은 한 발 떨어져 있는 것이 좋아요. 늘 억지로 욱여넣으려만 했던 정보들을 몸과 마음이 그저 자연스럽게 받아들일 수 있게 기회를 주는 것입니다. 그 과정에서 근육이 회복할 시간을 주게 되고, 그 결과 새로운 관점이 생길 수 있는 것이에요. 다시 시작한 후, 충분히 시간을 갖고 훈련을 한다면 결국 떠나기 전 상태로 돌아갈 수 있게 됩니다. 무엇보다 굶주린 마음이 여러분들을 떠밀고 도전하게 도와줄 것이랍니다.

　저는 항상 발레에서 최선을 다해 노력해왔기 때문에, 장기간

가끔은 스스로 거리를 두겠다는 대담한 선택을 한 후,
한 번도 떠나지 않았을 때보다
오히려 더 나은 결과를 얻기도 합니다.

떠나 있다가 다시 돌아왔을 때 더 좋은 결과나 피드백을 받는 것이 이상했습니다. 하지만 떠나 있는 시간 동안 무언가를 배웠기 때문에 제 춤이나 예술이 한층 깊어졌을 거라 생각합니다. 매일 발레 바를 붙잡고 치열하게 자신을 검열하는 시간과 잠시 거리를 두고, 대신 스스로 자유로운 인생 경험을 허락한 덕분에 저는 마침내 아티스트가 될 수 있었습니다. 제 최고의 춤은 발레 스튜디오에서 나오지 않았어요. 오히려 한층 깊은 경험이 가능하도록 스스로 그 세계에서 거리를 두었을 때, 제 춤에 플러스 알파가 생긴 것이죠.

여기서 제가 하고 싶은 말은 여러분이 최고가 되고자 하는 것이 무엇이건, 더 나은 사람이 되는 인생 경험을 할 여지를 둬야 한다는 것입니다. 우리가 무엇을 연마하는 데에만 코를 박고 고개를 절대 들지 않는다면, 정작 그토록 다듬었던 것들이 빛을 발할 수 있는 관점이나 맥락을 놓쳐버립니다.

그렇지만 만약 제가 부상 때문에 발레단을 떠나 있던 상황이라면 또 달랐을 것 같아요. 제가 발레단을 떠났던 몇 개월은 제 삶을 긍정적으로 바꾸어주었고, 자신감을 쌓을 수 있는 시간이었습니다. 그렇기에 저는 더욱 스스로에게 확신을 가진 채로, 충분히 휴식한 뒤 행복한 마음으로 돌아올 수 있었습니다. 저는 자의로 떠났고, 자의로 돌아왔어요. 제가 컴백을 한 뒤 성공적인 무대를 선보일 수 있었던 것도 상당 부분 그 덕분이라고 생각합니다. 반면, 부상이나 다른 어쩔 수 없는 이유로 휴식기를 가진 뒤 무대로 돌아온다면 자신감이 크게 떨어질 수 있습니다. 이때는 스스로 자기 자신을 계속 응원하며 나아갈 수밖에 없는데, 힘이 빠질 수 있지요.

코로나 팬데믹 기간 동안 전 세계 무용수들은 연습을 중단할 수밖에 없었습니다. 특수 발레 플로어가 깔린 댄스 스튜디오에 나갈 수 없었던 만큼, 몸을 최고로 다듬고자 했던 모든 노력이 물거품이 되었어요. 모든 것을 완전히 중단해야 했고, 어떻게 적응해야 할지 모두 새로 배워야 했습니다.

저도 처음 셧다운이 시작되자 원래 모습 그대로 다시 돌아올 수 없을까 봐 패닉에 빠졌습니다. 하지만 곧이어 훈련을 조금 줄이면서 숨을 돌리며 엔진을 식혀야 한다는 사실을 깨달았죠. 대신 돌아올 때가 임박해서 훈련 강도를 다시 높이면 된다고 생각했습니다. 저는 제 아파트에서 1년 반 동안 춤을 추는 것만으로는 사기가 유지되지 않으리라는 것을, 그 정도로 의지력이 강하지 않단 걸 알고 있었습니다. 집에서 연습만 하다가 정작 다시 무대로 돌아갔을 때 번아웃이 되고 싶지도 않았습니다. 부상을 피하고도 싶었고요. 아파트 바닥 아래는 시멘트로 되어 있었기 때문에, 그곳에서 춤을 춘다면 나이 들어가는 무용수의 신체에도 좋지 않을 것이라 생각했습니다. 그래서 저는 감을 되찾을 수 있을 것이라 믿기로 결정하고 다시금 내려놓았어요.

발레 업계의 모든 사람은 몸이 무너지지 않도록 각자 한정된 공간에서나마 미친 듯이 노력했습니다. 저도 약 152cm × 183cm 크기의 제 집안 말리 플로어에서 계속 연습을 이어갔지만, 그래도 과거 발레단을 떠난 뒤 복귀했던 두 번의 경험을 간직하고 있었습니다. 예전에도 파일을 저장하지 않아 다 날렸다가 되찾은 경험을 해봤다고 되뇌었죠. 이미 예전에 두 번이나 해봤다는 생각을 하고 나니 이후 돌아갈 것에 대한 걱정이 없어졌습니다. 팬데믹 기간 동안 이렇게 춤에 대한 미련을 내려놓을 수 있었던 것은 다른 많은 무용수가 누리지 못한 호사였다는 것을 알고 있습니다.

또한, 제가 셧다운의 희생양이라는 생각이 들지 않게 이 경험을 온전히 받아들이는 것이 중요하다는 것도 알고 있었어요. 그러려면 적응을 하고 몰두할 다른 새로운 것을 찾아야 했습니다. 예상치 못했던 이 시기를 활용해 무엇을 할 수 있을까요? 나중에 팬데믹이 끝나고 난 뒤 어떤 모습으로 돌아오고 싶을까요? 새로운 기술이나 새로운 취미를 갖고 돌아오고 싶을까요, 자신과의 관계나 정체성을 새로 정립하고 싶을까요? 발레리나가 아닌 저는 누구일까요? 저희는 너무나 어린 시절부터 프로 무용수가 되기 위해 노력을 하기 때문에, 더 이상 춤이 삶이 큰 부분이 아니게 되면 방향을 잃은 듯 느낄 수도 있습니다. 도대체 저는 무엇

제가 셧다운의 희생양이라는 생각이 들지 않게
이 경험을 온전히 받아들이는 것이
중요하다는 것도 알고 있었어요.

을 해야 하는 것일까요?

일시적으로나마 한 걸음 뒤로 물러서 지금까지 했던 일을 모두 내려놓기란 무척 두렵습니다. 하지만 저는 신체적으로 정신적으로 모두 건강할 때 최고의 춤을 추게 된다는 것을 깨닫기 시작했어요. 개리 채프먼의 저서인 『5가지 사랑의 언어』에 따르면, 건강한 관계를 맺기 위해서는 '사랑의 탱크'라는 것이 채워져야 한다고 합니다. (아직 이 책을 모르시는 분이라면, 여러 관계를 이해하는 데 필독서이니 추천해 드려요!) 저는 이 비유를 제 개인의 신체적 건강과 정신적 건강으로도 확장하고 싶습니다. 예를 들어, 신체적인 건강을 담는 가상의 탱크와 정신적 건강을 담는 가상의 탱크가 있다고 상상해봅시다. 두 탱크 모두 연료를 계속 채워 유지해야 해요. 이때, 목표는 공연 기회가 왔을 때 두 탱크 모두가 꽉 채워져 있는 것입니다. 또 이 두 탱크는 서로 연결되어 있어요. 그러니 만약 신체적으로 건강하지 않다고 느껴서 신체 건강 탱크의 연료가 낮은 상황이면, 정신적인 건강에도 영향을 주어 정신 건강 탱크의 연료도 줄어들게 되겠죠. 그러면 정신 건강 탱크가 부족해지니, 몸을 움직이는 것도 신체 건강 탱크를 다시 채우는 것도 어려울 것입니다. 이 두 가지가 서로 연결되어 있다는 점을 알고, 최고의 기량을 선보이려면 두 탱크 모두가 채워져야 한다는 점을 깨닫게 된다면, 여러분 최고의 잠재력을 실현하는 데 한 걸음 더 다가갈 수 있을 것입니다.

저는 1년간 신체 건강 탱크는 약간 적게 채우는 대신에 이후 발레단 복귀를 할 수 있도록 정신 건강 탱크에 계속 연료를 주입했어요. 컴백을 하기 전에는 언제 신체를 자극해야 선수로서 다시 최고의 기량을 보일 수 있는지도 알고 있었고요. 만약 팬데믹 기간 내내 제 몸을 체력적으로 밀어붙이면서 정작 그 노력에 대한 정신적인 보상을 주는 성과가 없었다면 완전히 번아웃이 오고 말았을 것입니다.

우리가 중시하는 일에서 몇 걸음 떨어져 보는 것은 자의에 의한 것일 때도 두려울 수 있습니다. 자의가 아닐 때는 더 두려울 수 있죠. 하지만 그 휴식기를 제대로 접근한다면 우리는 더 나은 예술가가 될 것입니다. 마침내 돌아오게 되었을 때 더 영감이 채워진 상태로, 더 균형 잡힌 한 인간으로, 일 이외의 자신에 대한 이해도가 높은 상태로 돌아오게 될 테니까요.

# 10장
# 다음 목표 세우기

일에서 모든 목표를 이룬 다음에는 어떻게 살아야 할까?

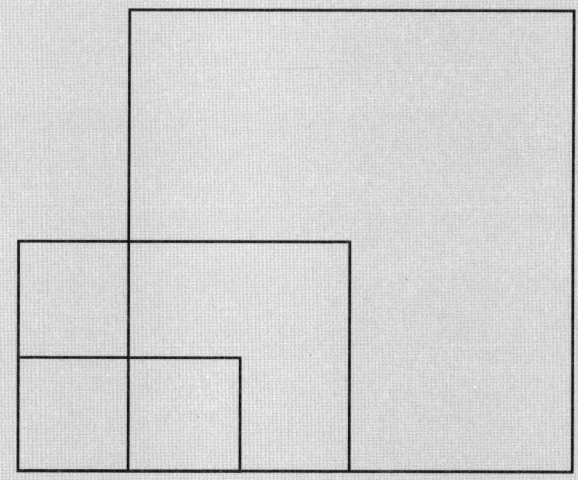

젊은 무용수였을 때 유타주 발레웨스트 교습소에서 〈호두까기 인형〉 공연을 하던 어느 날, 저는 과거 발레 단원이었던 분이 스스로 생을 마감하셨다는 것을 알게 되었습니다. 저는 그분이 앞으로 더 살아볼 만한 삶의 가치를 발견하지 못했다는 말을 듣고 마음이 정말 안 좋았습니다. 그 이후 저는 늘 머릿속에 다음의 문장을 새겼습니다. "발레 이외의 삶에도 많은 것들이 있을 것이다."

　이후 뉴욕으로 가서 뉴욕시티발레단에 입단한 이후에도 이 같은 마음가짐은 변함이 없었습니다. 솔리스트와 수석 무용수로 진급하고, 거의 3천 명에 가까운 관객들 앞에서 가장 고난도의 발레 공연을 선보이고, 제 노력에 대한 보상으로 엄청난 박수갈채를 듣는 등 인생의 최정점과도 같은 이런 순간들에는 이면도 있습니다. 저는 처음부터 이런 순간들이 말 그대로 순간일 뿐이며 덧없이 사라진다는 것을 알고 있었습니다. 많은 무용수의 인생 최정점이 서른 살이나 마흔 살 즈음에 끝나거나 무대에서 작별해야 할 때 끝난다고 생각하니 우울해졌습니다.

모든 무용수에 해당하는 이야기이지만, 정말 열정을 쏟을 수 있는 무언가를 찾은 뒤, 언젠간 이를 포기해야 하는 순간이 오면 무너져내릴 수 있습니다. 그렇기에 저는 자칫하면 무용수로서의 삶이 제 인생의 정점일 수 있다는 점을 계속 상기하려 했습니다. 이런 마음가짐 덕분에 저는 발레 이외의 목표를 고민해볼 수 있었어요. 발레리나로서 은퇴를 한 뒤 정신 건강이 위태로워질 수도 있다는 생각을 일찌감치 했기 때문에, 저는 현시점에만 집중하거나 지금 당장 눈앞의 짜릿함에 사로잡히는 대신 늘 먼 미래를 보고자 했습니다.

커리어 전반에 걸쳐서 저는 오래도록 힘들게 커리어를 쌓아온 다른 선배 무용수들이 은퇴를 하는 모습을 지켜봤습니다. 어떤 사람들은 정말 우아하게 작별 인사를 했던 반면, 다른 사람들의 모습을 보면 걱정이 되었어요. 이 사람들은 이제 뭘 하려 그러지? 이 사람들은 이 극장 벽 밖으로 나가면 어떤 것에서 영감을 받지? 관심이 집중되다가 일순간 사라지면 받아들일 수 있을까? 이런 생각들에 사로잡히곤 했습니다.

발레단에서 수석 무용수로 자리를 잡은 이후, 저는 오래도록 발레 외의 새로운 목표를 고민했습니다. 저는 제 인생의 정점이 마흔 살에 끝나기를 원하지 않았어요. 그저 공연이 좋은 평가를 받는 것 이외에도 오래 지속될 수 있는 기쁨을 찾고 싶었습니다. 제 삶이 공연 이상의 무엇이기를 분명히 바랐죠. 발레가 끝난 뒤 무엇을 해야 하는지, 지금처럼 그때의 삶을 즐기려면 어떻게 해야 할지 고심했어요.

특히 마흔 살즈음 은퇴를 하고 난 이후, 지금보다 돈을 적게 버는 삶을 원하지 않았습니다. 그래서 MBA를 위해 다시 학교로 돌아간 것이었습니다. 그래야 은퇴를 한 이후에도 금전적으로 여유로운 직업을 새로 얻을 수 있을 테니까요.

긴 고민 끝에 제가 정말 원하는 삶을 깨달았습니다. 제게 가장 충만한 인생이란 가족을 꾸리는 것이었어요. 모든 사람이 그렇진 않겠지만, 저는 가족이야말로 커리어 이후에도 제게 만족감을 줄 것을 알았습니다. 그래서 제겐 두 번째 직업을 구하는 것보다도 가정을 꾸리는 것이 훨씬 중요했어요.

그러고 보니 은퇴 후 삶에 잘 적응하는 무용수들에겐 가족이 있다는 점이 보이기 시작했습니다. 물론 인생 파트너나 아이가 없으면 행복한 은퇴를 못한다는 것은 아닙니다. 하지만 많은 무용수가 인생을 풍성하게 하고 다음 챕터를 준비하는 방법으로 가정을 꾸리기를 선택했어요. 저 역시 은퇴하는 선배 무용수들이 마지막 공연 후 마지막 인사를 할 때 아이들이 무대 위로 올라와 포옹을 해주는 모습을 보면 평화롭고 뿌듯한 마음이 들곤 했어요. 그런 장면들을 통해 이분들의 삶은 극장의 벽이 끝나는 데서 끝나지 않는다는 걸 알게 되었습니다. 제가 알지 못하는 완전히 다른 삶이 있는 것이었죠.

만약 여러분이 여자 수석 무용수이고 감사하게도 오래도록 커리어를 이어오고 있다면, 가임기를 놓칠 위험도 있습니다. 저는 아주 일찍부터 제가 원하는 가족을 꾸리려면 이따금씩 무대를 벗어나야 한단 것을 알고 있었어요. 그로 인해 포기해야 하는 부분이 있겠지만, 그래도 타이밍이 맞다면 그렇게 하는 것이 제 미래의 행복을 위한 최고의 투자일 것을 알았습니다. 가족을 꾸릴 기회를 놓친다면 항상 커리어에 대해 불만을 가질 것을 알았고, 그런 마음을 가지고 싶지는 않았거든요. 저는 양쪽 모두의 균형을 맞출 것이라 굳게 다짐했습니다.

서른한 살에 이혼을 하고 제가 무너졌던 여러 이유 중 하나도 바로 아이를 가지기엔 늦었다는 생각 때문이었습니다. 제 인생과 '그 계획'이 모두 착착 들어맞아간다고 생각하던 찰나였죠. 제 사람과 제 집이 있었고, 나중에 좀 더 나이가 들고 준비가 되었다는 마음이 들면 아이를 갖겠다고 계획했습니다. 그러다 이 모든 걸 새로 시작해야 한다고 생각하니 패닉에 빠졌어요. 저는 잘 짜여진 계획을 따라갈 때 가장 안전함을 느끼는 사람이기 때문에, 실로 불확실하고도 두려운 시간이었습니다.

다행히도 저는 곧 멋진 인생 파트너를 만났고, 저희 관계는 곧 발전해 제 첫 결혼생활보다도 더 풍성하게 꽃피게 되었습니다. 그러자 저는 아이 생각이 간절해졌어요. 심각할 정도로요! 이미 아이를 가진 사람들을 보는 것만으로도 질투가 났고, 아이가 있는 사람들과 시간을 보내고 오면 꼭 집에 와서는 울고 소셜미디어에서도 모두 친구를 끊을 지경이었습니다. 첫째 아이를 만나기 1~2년 전 정도는 제 인생이 마치 잠깐 멈춘 느낌이었어요. 기다리는 것에 신물이 났습니다. 빨리 아이를 만나고 싶었어요. 아이가 어떻게 생겼는지 보고 싶었고, 하루빨리 집이 어지러워지고 소란스러워지기를 바랐습니다. 모든 게 너무 조용하게만 느껴졌어요.

이토록 아이를 간절히 원했기 때문에 저는 부득이 무대에서 내려와야 하는 큰 결정도 쉽게 내릴 수 있었습니다. 다행히 그동안 수석 무용수로 일하며 한 번도 큰 부상이 없었기 때문에 머릿속으로 '부상 때문에 한 해 쉬어간다 치자.'라고 생각하기도 했습니다. 다른 수석 무용수들은 대부분 커리어 중 한 번은 큰 부상으로 한 해 정도 쉬어갔기 때문에, 저는 그 한 해를 출산 휴가로 쓰기로 했습니다.

발레를 떠날 준비를 하면서는 이미 세 살 아이가 있었던 동료 수석 무용수 애슐리 보우더Ashley Bouder를 보고 많이 배웠고, 또 많은 도움을 얻었습니다. 애슐리는 임신 기간 대부분 춤을 계속 췄지만 저는 아이가 뱃속에 있는 와중에 무대를 뛰어다니는 것이 편하지 않아 다른 방식을 택했습니다. 임신 16주차에는 그해 마지막으로 발레단 클래스를 듣고, 프랑스로 날아가 3주간 언어몰입코스를 들었습니다. 제 남편이 프랑스인이었기 때문에 아이가 이중언어를 잘 구사할 수 있게 하는 데 정말 집중했죠. 제가 발레리나로서 하루하루 치열하게 살아가는 일상에 계속 빠져 있었더라면, 그렇게 3주 정도 시간을 내는 것은 절대 불가능하다고 생각했을 것 같습니다.

임신 중에도 연습을 계속했습니다. 평생 제 몸에 그렇게 큰 도전은 손에 꼽을 것임을 알았기 때문이죠. 다행히 저희가 사는 건물에는 야외 수영장이 있었고, 마지막 발레 클래스가 끝나자마자 여름이 시작되면서 수영장이 개장되었습니다. 일주일에 한두 번 정도 아래층으로 내려가 스무 바퀴를 돌고 물속에서 간단하게 발레 바 동작을 한 뒤 하루 운동을 마무리지었어요! 또 예전에 뉴욕시티발레단 단원이셨다가 현재는 둘라$^{doula}$* 겸 요가 강사 겸 출산교육 강사로 일하고 계시는 분께 출산 관련 수업을 듣기도 했습니다. 약 15시간 정도 진통 과정에 대한 수업을 듣고 나니 완전히 준비된 기분이었어요.

그때까지 저는 무용수로 살아오면서 정신만 집중한다면 제 몸을 마음대로 움직일 수 있었습니다. 그렇기에 자연분만과 모유 수유를 하기에도 가장 적합한 도구를 가지고 있다고 생각했어요. 하지만 제 아이는 생각이 달랐는지 결국 제왕절개를 통해 아이를 낳아야 했습니다. 그럴 가능성에도 대비해두려고는 했지

---

\* 산모에게 전문적인 조언을 해주는 여성

만, 출산 후 일주일이 지나자 제 몸에 화가나기 시작했습니다. 인생 처음으로 제 몸을 자유자재로 하지 못했던 경험이었어요.

그 경험을 통해 무용수로 훈련을 받아왔던 제 몸이 우위에 있지 않다는 것을 깨달았습니다. 저도 다른 사람들과 같았던 것입니다. 통제할 수 없는 영역을 경험했죠. 그런 깨달음을 얻게 되자 프로 무용수로서도 겸허해지게 되었으며, 또 이토록 무섭고, 고통스럽고, 스트레스가 가득한 출산의 경험을 함께한 다른 모든 여성들과도 유대감을 느끼게 되었습니다. 답답했지만 또 한편으로는 위로가 되었던 경험이었어요.

이런 답답함과 불편함의 감정을 극복하는 데는 거의 1년이 걸렸습니다. 하지만 다른 친구들도 각자 아이를 키우며 나름의 좌충우돌을 겪는 모습을 보고 나니, 제가 아주 사소한 것에 집착하고 있었단 점을 깨닫게 되었습니다. 정작 중요한 것은 저와 아이가 건강하고 행복한 것일 뿐인데 말이죠. 물론, 주변에서 이런 이야기를 계속 해주었지만 제가 이 말을 정말 믿게 되기까지는 꼬박 1년이 걸렸어요. 그리고 저는 제가 완벽하지 않고, 또 아무도 완벽할 수 없다는 것을 배웠습니다. 이제껏 치열하게 목표 지향적으로 살아온 제가 드디어 뒤로 물러나서 인생의 흐름이 저를 자연스럽게 이끌도록 두게 되었죠.

제가 무용수로서 이룬 대부분의 성공은 제대로 해낼 때까지 계속 물고 늘어지는 저의 집요함에서 비롯되었다고 생각합니다.

부단히, 열심히 노력하려면 정말 집요해야 합니다. 하지만 이제 저는 그 집요함을 버리고 그저 흐름에 몸을 맡겨야 한다는 것을 배우고 있어요. 저는 항상 유연하게 적응할 수 있는 사람이 되기를 바랐는데, 이렇게나마 강제로 깨닫게 되었습니다. 여기까지 많은 시간이 걸렸고, 와, 정말 많이 분투하기도 했지만 결국 해냈네요.

물론, 이 모든 과정을 거친 끝에 최고의 선물, 즉 딸을 얻었지요. 마침내 아이를 만나고 아이가 어떻게 생겼는지 알게 되었습니다. 딸은 제 친한 친구이고, 우리는 함께 깔깔거리고 웃기를 좋아해요. 부모가 되어서 특히 좋은 점은 아이가 무언가에 감탄할 때 눈이 반짝이는 모습을 볼 수 있는 것입니다. 아이들 덕분에 마치 세상을 마법인양 새로 바라보게 되는 것 같아요. 물론 힘든 순간들도 있죠. 하지만 아이들이 무언가에 신이 나서 "엄마!"라고 부르는 걸 들을 때면 그것만으로도 가치가 있는 것 같습니다. 아이들이 미소짓는 것을 보면 옥시토신 주사를 맞는 느낌이에요.

다시 발레단으로 복귀를 한 뒤에는 아이를 어린이집에 내려주며, 아이가 작은 아파트 속 공간을 벗어나 새로운 환경에서 사회적인 경험을 하는 것을 보는 게 진심으로 행복했습니다. 딸은 제가 어찌 가르쳐줄 수도 없는 새로운 노래와 새로운 수업을 배우면서 멋지고 꽉 찬 하루를 보내고 있었고, 저도 제 일에 집중할 수 있었습니다. 아이와 떨어진 시간이 더 달콤했던 것은 아이가 없는 시간을 최대치로 활용하고 말 것이라는 필사적인 마음 덕분이었습니다. 그래서 일을 할 때는 모든 수업과 주어진 모든 시간을 잘 활용했어요. 리허설 중간에 시간이 뜨면 그냥 시간을 때우기보다는 필라테스 방으로 가거나 과제를 했습니다. 제게 시간의 가치가 바뀐 것이었죠. 그러고선 아이를 어린이집에 내려줄 때만큼이나 다시 행복한 마음으로 아이를 데려왔습니다. 저녁에는 함께 최고의 시간들을 보냈고요.

저는 아직도 제 일을 사랑합니다. 처음에는 하루 종일 아이와 시간을 보내고 싶은 마음이 들어야 하는 것 아닌가 하며 마음이 좋지 않았어요. 그래서 한 번은 아이가 세 명인데도 항상 사무실이나 병원에서 일을 하시는 제 산부인과 선생님께 조언을 구했습니다. 이분은 아이들 없이 일할 때도, 집에서 아이들과 시간을 보낼 때도, 그 어느 쪽에도 죄책감을 느끼지 않고 모두 진정으로 즐기는 것 같아 늘 멋지다고 생각하고 있었거든요. 그분은 답했습니다. "저는 아이들도 제 일도 모두 좋아하니까요." 그렇게나 간단한 것이었어요. 이제는 저도 그렇게 생각합니다. 더 이상 죄책감을 느끼지 않아요. 저희 인생에 아이가 들어오며 매 순간이 더욱 달콤해졌기 때문입니다.

우리가 어떤 일을 하건, 우리는 모두 일 이상인 사람들입니다. 저는 아티스트이지만, 제가 하는 예술 이상의 사람입니다. 또, 단

우리가 어떤 일을 하건,
우리는 모두 일 이상인 사람들입니다.

지 아이 엄마 이상인 사람이기도 하죠. 저는 어떤 이름으로건 그 이름으로만 정의되어야 한다고 생각하지 않습니다.

엄마가 되었다고 커리어에 덜 집중하게 되는 것은 아닙니다. 오히려 엄마가 되면서 제 커리어는 더욱 생산적으로 꽃피게 되었어요. 아이를 낳고 복귀한 뒤, 저는 이전에 한 번도 함께하지 못했던 공연에서 춤을 추게 되었습니다. 커리어적으로도 르네상스를 경험한 것이죠. 또 그 순간들을 즐길 수 있었습니다. 직장은 더 이상 제게 스트레스를 주는 곳이 아니라, 엄마가 아닌 제 다른 부분을 충족시키러 가는 곳이 되었으니까요.

또, 아이가 생기자 극장에서의 어려운 일들도 새로운 관점에서 볼 수 있게 되었습니다. 아이를 낳아 기르는 것은 쉽지 않은 일이에요. 물론 발레리나도 어렵지만, 이제 발레 일은 하루 중 가장 쉬운 일과가 되었습니다. 그런 자각을 하고 나니 어려운 업무를 더 잘하게 된 것 같습니다.

커리어의 정점을 찍으면 영원히 행복할 것이란 생각을 하지 않는 것이 중요합니다. 저는 수석 무용수로 진급을 하고 나자, 진급이 모든 문제를 해결하지 않는다는 것을 확실히 깨닫게 되었습니다. 여러분이라면 커리어에서 원하는 것을 모두 이룰 수 있다면 무엇을 하시겠어요?

제게는 커리어가 항상 최우선 순위였지만, 그래도 항상 춤 이상의 무엇이 있었습니다. 그렇다고 해서 절대 일에 대한 집중이나 집념이 사라지지는 않아요. 균형을 잡는 것이 어렵다, 즉 가정을 꾸리고 나면 예전처럼 직장에서 치열해지지 않는다는 상투적인 말이 있지만, 저는 경험을 통해 이것이 사실이 아님을 압니다. 가정을 꾸리는 것과 같이 제가 인생에서 원하는 것들을 좇아 왔기 때문에 저는 스튜디오에서나 무대에서 더 충만하고 만족한 사람이 될 수 있었어요. 아티스트라면 그런 정신적이고 감정적인 부분이 중요합니다. 관객에게 선보이는 공연에도 영향을 미치기 때문이죠. 스스로 충만하다고 느끼면 그만큼 줄 수 있는 것이 더 많아질 것입니다.

# 감사의 글

● ● ●

저는 에밀리 뉴버거Emily Neuberger가 아니었다면 이 책을 절대 쓰지 않았을 것입니다. 펭귄Penguin 출판사의 제 첫 편집자인 에밀리는 제 팟캐스트인 〈메건에게 물어보세요Ask Megan〉 덕분에 마라톤을 뛸 수 있었다고 해요. 에밀리, 이 책에 대한 비전을 보여주고, 제 인생 경험을 유용하게 활용하게끔 도와주어서 감사합니다.

또, 팟캐스트 덕분에 책을 낸 만큼 팟캐스트 프로듀서인 킴벌리 파커Kimberly Falker에게도 감사의 말을 전합니다. 발레라는 복잡하고 스트레스 넘치는 세계 속에서 길을 찾으려는 젊은 무용수들과 그 부모님들 앞에서 자신감을 갖고 바람직한 태도를 논할 수 있었던 건 킴벌리 덕분이에요. 감사합니다.

또 제 매니저인 파멜라 쿠퍼Pamela Cooper에게도 감사합니다. 콜한Cole Haan 앰배서더, 브로드웨이 공연, 그리고 이 책에 이르기까지 파멜라 덕분에 길을 잃지 않을 수 있었어요. 항상 나를 지켜주고 내가 큰 꿈을 꿀 수 있게 해주어 고맙습니다.

펭귄 출판사의 두 번째 편집자였던 그레첸 슈미드$^{\text{Gretchen Schmid}}$에게도 감사합니다. 덕분에 책을 쓰면서 분명한 문체를 찾을 수 있었고, 제 이야기가 보편적인 이유를 다시금 깨달을 수 있었어요.

더불어, 제 인생에서 균형을 잡을 수 있었던 것, 또 그 과정에서 너무도 많은 교훈을 얻을 수 있었던 것은 모두 훌륭하신 부모님 덕분입니다. 제가 발레계에 입문하기 전까지 발레를 전혀 모르셨음에도 저를 위해 물심양면으로 지원해주셔서 감사합니다. 발레계의 경쟁 속에서 이성을 잃지 않을 수 있었던 건 모두 부모님 덕분이에요. 감사합니다.

젠 터너$^{\text{Jen Turner}}$, 마지막까지 책을 읽어봐주고 인사이트를 주어서 고마워요.

남편에게도 진심으로 감사의 말을 전하고 싶습니다. 늘 옆에서 응원해주고, 내가 상상했던 것보다도 훨씬 더 큰 꿈을 갖도록 북돋아주어서 고마워. 큰 기회가 왔을 때 옆에서 응원해준 덕분에 목표를 이룰 수 있었어. 혼자였다면 절대 자신감을 갖지 못했을거야.

마지막으로 예쁜 딸들. 너희들 덕분에 내 사랑이 이토록 커질 수 있다는 점도, 그리고 인생에서 정말 중요한 것이 무엇인지도 깨달았단다. 고마워.

## 발레리나 멘탈 수업
### 마음이 불안한 무용수를 위한 10가지 조언

발행일 | 2023년 7월 25일
발행처 | 동글디자인
발행인 | 현호영
지은이 | 매건 페어차일드
옮긴이 | 김지윤
편  집 | 현다연
디자인 | 강지연
주  소 | 서울특별시 마포구 백범로 35, 서강대학교 곤자가홀 1층
팩  스 | 070.8224.4322
이메일 | dongledesign@gmail.com
ISBN | 979-11-91925-15-9

**THE BALLERINA MINDSET**
**by Megan Fairchild**

All rights reserved including the right of reproduction in whole or in part in any form.
This edition published by arrangement with Penguin Books, an imprint of Penguin Publishing Group, a division of Penguin Random House LLC.
This Korean translation published by arrangement with Penguin Books in care of Penguin Random House LLC through AlexLeeAgency ALA.

이 책의 한국어판 저작권은 알렉스리에이전시ALA를 통해 Penguin Random House LLC와 독점 계약한 동글디자인(Dongle Design)이 소유합니다. 저작권법에 의하여 한국 내에서 보호를 받는 저작물이므로 무단 전재 및 복제를 금합니다.

잘못 만든 책은 구입하신 서점에서 바꿔 드립니다.

좋은 아이디어와 제안이 있으시면 출판을 통해 더 많은 사람에게 영향을 미치시길 바랍니다.
투고 및 제안 : dongledesign@gmail.com